喬木書房

喬木書房

放棄是一種智慧，
是一種勇氣與瀟灑，
放棄是更深層面的進取。

有一種勇氣叫放棄

There is a kind of courage called to give up

生活有時會逼迫你，不得不交出權力，不得不放走機遇，甚至於要拋下愛情……等等。
你不可能什麼都可以得到，所以，在生活中你必須要懂得學會放棄！
學會放棄，你可以讓負重的人生得到暫時的休息，擺脫煩惱和糾纏，讓整個身心沉浸在一種輕鬆悠閒的寧靜之中。
學會放棄，你可以用充沛的精力去做你最想做、最該做、最需要做的事情。
學會放棄，你可以在一種無怨無悔和默默無聞的等待中讓自己的心靈得到一份超越、一份執著和自信。

李津 著

目錄

CONTENTS

CONTENTS

學會放棄才能成功

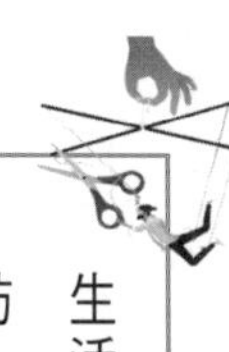

生活中，有時不好的境遇會不期而至，使得我們猝不及防，這時我們更要學會放棄。放棄焦躁性急的心理，安然地等候生活的轉機。

人生就像是我們在列車上的一次長途旅行，到了終點站，你就必須要下車。沉迷於過往的人將永遠生活在痛苦和遺憾之中。

一隻倒楣的狐狸被獵人用捕獸器挾住了一條腿，牠毫不遲疑地咬斷了那條腿，然後逃命。放棄一條腿而保全一條生命，這是狐狸的哲學。人生也應該如此，當生活強迫我們必須付出慘痛的代價以前，主動放棄局部利益而保全整體利益是最明智的選擇。智者云：「兩弊相衡取其輕，兩利相權取其重。」趨利避害，這也正是放棄的實質。

在歐洲，有一首流傳很廣的民諺：「為了得到一根鐵釘，我們失去了一塊馬蹄鐵；為了得到一塊馬蹄鐵，我們失去了一匹駿馬；為了得到一匹駿馬，我們失去一名騎手；為了得到一名騎手，我們失去了一場戰爭的勝利。」

為了一根鐵釘而輸掉一場戰爭，這正是不懂得及早放棄的惡果。

生活中，有時不好的境遇會不期而至，使得我們猝不及防，這時我們更要學會放棄。放棄焦躁性急的心理，安然地等候生活的轉機，這就是面對人生際遇所保持的一種適度的高度。讓自己對生活對人生有一種超然的關照，即使我們達不到這種境界，我們也要在學會放棄中，爭取活得灑脫一些。

人的一生之中或許需要我們放棄的東西很多。古人云：「魚與熊掌不可兼得。」如果不是我們應該擁有的，我們就要學會放棄。幾十年的人生旅途，會有一帆風順以及風風雨雨，有所得也必然有所失，只有我們學會了放棄，我們才能擁有一份安然祥和的心態，才會活得更加充實、坦然和輕鬆。

比如大學畢業分手的那一刻，當同窗數載的朋友緊握雙手，互相輕聲說保重的時候，每個人都止不住淚流滿面……放棄一段友誼固然會於心不忍，但是每個人畢竟都有各自的旅程，我們又怎能長相廝守呢？固守一位朋友，只會擋住我們人生旅程的視線，讓我們錯過一些更為美好的人生山水。學會放棄，我們就有可能擁有更為廣闊的友情天空。

人生就像是我們在列車上的一次長途旅行，到了終點站，你就必須要下車。沉迷於過往的人將永遠生活在痛苦和遺憾之中。誠然，一段戀情的結束是令人心傷的，然而你又怎麼知道以後不會有更適合你的人。永遠不要在還沒有經歷之前就臆斷將來。既然錯過了月亮，就不能錯過群星。放下舊的行囊，你才能夠獲得新生。

審時度勢把握時機

過分的急功近利是一種不健康的心態。放棄既是一種理性的表現，也不失為一種豁達之舉。

「鍥而不捨，金石可鏤。」這是古人留下的治學格言，也是為世人推崇的成才之道。

其實，苦學不終，持之以恆，只是一個人成才的條件之一。至於其他條件，譬如機遇、天賦、愛好、悟性、資質諸項也是缺一不可的。如果你研究某一學問、學習某一技術，或從事某一事業確實條件太差，而經過相當的努力仍不見成效，那麼就不妨學會「放棄」，另闢蹊徑。

比如學鋼琴：據統計全國有多少學童在學鋼琴，多的無法估計。要是光彈著玩玩倒也罷了，可是許多家庭都是在認真的把孩子當個鋼琴家來培養的。很多父母自認為「這一輩子就這樣了」，孩子無論如何也要讓他成就一番事業。於是省吃儉用，給孩子購買了一台鋼琴，立志要培養出另一個「蕭邦」、「李斯特」。

再如大學聯考：一年一度考試的風起雲湧，一番拚搏，分出高下，幾家歡樂幾家愁。受教育資源限制，不論你如何「鍥而不捨」，使盡渾身解數，錄取率就決定了必然要有近多數考生要自願或不自願地「放棄」其他科系的願望。

如果差距不大，偶爾失手，自然不妨厲兵秣馬，來年再戰；倘若成績實在差距太大，再考幾次也難有多大提高，那麼就應該當機立斷，學會「放棄」。有道是：「成才自有千條道，何必都擠獨木橋」。世界首富比爾．蓋茲就沒上完大學，大發明家愛迪生不過才小學畢業，照樣不耽誤他們成名成家，你又何必一條路走到底。或許，你只需要退一步，便會海闊天空。

人生苦短，韶華難留。選對目標，就要鍥而不捨，以求「金石可鏤」。但若目標不適合，或主客觀條件不允許，與其蹉跎歲月，徒勞無功，還不如學會放棄。如此，才有可能柳暗花明，再展宏圖。班超投筆從戎，魯迅棄醫學文，都是「改換門庭」後而大放異彩的楷模。可見，如果能審時度勢、揚長避短、把握時機，「放棄」，既是一種理性的表現，也不失為一種豁達之舉。

生活在五彩繽紛，充滿誘惑的世界上，每一個心智正常的人，都會有理想、憧憬和追求。否則，他便會胸無大志，自甘平庸，無所建樹。然而，過分的急功近利則是一種不健康的心態，歷史和現實生活都告訴我們：必須學會放棄！

放棄的勇氣

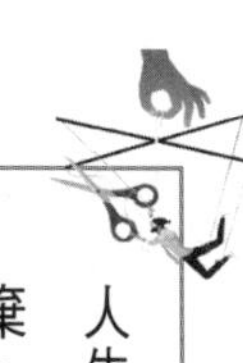

人生是複雜的，有時又很簡單，甚至簡單到只有取得和放棄。應該取得的完全可以理直氣壯，不該取得的則當毅然放棄。

晉代陸機《猛虎行》有云：「渴不飲盜泉水，熱不息惡木陰。」講的就是在誘惑面前的一種放棄、一種清醒。

以虎門銷煙聞名中外的清朝封疆大吏林則徐，便深諳放棄的道理。他以「無欲則剛」為座右銘，為官四十年，在權力、金錢、美色面前做到了潔身自愛。他教育兩個兒子：「切勿仰仗乃父的勢力」，實則也是其人處世的準則；他在《自定分析家產書》中說：「田地家產折價三百銀有零」、「況目下均無現銀可分」，其廉潔之狀可見一斑；他終其一生，從來沒有沾染擁姬納妾之俗，在高官重臣之中恐怕也是少見的。

在我們的現實生活中，也需要有一種放棄的清醒。其實，在物慾橫流、燈紅酒綠的今天，擺在每個人面前的誘惑實在是太多，特別是對有權者來說，可謂：「得來全不費功夫」。這時就需要保持清醒的頭腦，勇於放棄。如果抓住想要的東西不放，甚至貪得無厭，就會帶來無盡的壓力、痛苦和不安，甚至於毀了自己。

人生是複雜的，有時又很簡單，甚至簡單到只有取得和放棄。應該取得的完全可以理直氣壯，不該取得的則當毅然放棄。取得往往容易心地坦然，而放棄則需要巨大的勇氣。若想駕馭好生命之舟，每個人都面臨著一個永恆的課題，那就是：「學會放棄！」

俄國作家托爾斯泰寫過一則短篇故事：

有個農夫，每天早出晚歸地耕種一小片貧瘠的土地，但收成很少。一位天使可憐農夫的境遇，就對農夫說，只要他能不斷往前跑，他跑過的所有地方，不管多大，那些土地就全部歸他。

於是，農夫興奮地向前跑，一直跑，一直不停地跑！跑累了，想停下來休息，然而，一想到家裏的妻子和兒女，都需要更大的土地來耕作、來賺錢！所以，又拚命地再往前跑！真的累了，農夫上氣不接下氣，實在跑不動了！可是，農夫又想到將來年紀大，可能乏人照顧、需要錢，於是就再打起精神，不顧氣喘不已的身子，再奮力向前跑！

最後，他體力不支，「咚」的一聲倒躺在地上，死了！

的確，人活在世上，必須努力奮鬥；但是，當我們為了自己、為了子女、為了有更好的生活而必須不斷地「往前跑」、不斷地「拚命賺錢」時，也必須清楚知道有時該是「往回跑的時候了」！因為妻子、兒女正倚著門等你回來呢！「快往回跑、回來呀！」你再不「往回跑」，可能大家都再也見不到面了！

在放棄中得到昇華

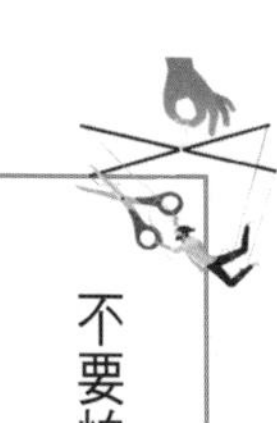

不要怕選擇錯誤，因為錯誤常常是正確的先導。

學會可以為一棵樹而放棄森林，這也許便是另一種珍惜。

「魚，我所欲也；熊掌，亦我所欲也；二者不可兼得，捨魚而取熊掌也。」當我們面臨選擇時，我們必須學會放棄。放棄，並不意味著失敗。

像下圍棋一樣，小的利益雖然放棄，得到的卻是更大的利益。但如果想兼得「魚和熊掌」，恐怕連魚也得不到了。

在滑鐵盧大戰中，大雨造成的泥濘道路使炮兵移動不便。拿破崙不甘心放棄最拿手的炮兵，而如果延遲時間，對方增援部隊有可能先於自己的援軍趕到，那麼後果不堪設想。然而，在躊躇之間，數小時過去了，對方援軍趕到。結果，戰場形勢迅速扭轉，拿破崙遭到了慘痛的失敗。拿破崙的失敗足以證明：在人生緊要處，在決定前途和命運的關鍵時刻，我們不能猶豫不決，徘徊徬徨，而必須勇於決斷，敢於放棄。卓越的軍事家總是在最重要的主戰場上集中優勢兵力，全力以赴去爭取勝利，而甘願在不重要的戰場上做些讓步和犧牲，坦然接受次要戰場上的損失和恥辱。

同樣，在人生的戰場，我們必須善於放棄，而傾注自己的時間和精力於主戰場上，不必計較次要戰場的得失與榮辱。在我們的學習生活中，學會放棄同樣重要。當你路過籃球場或足球場時，看到別人正盡興比賽，聽到那歡樂的笑聲時，能不動心嗎？但這時，我們必須放棄一項：去悶熱的教室裏學習，或是在涼爽的綠茵球場上活動。斟酌損益，放棄後者而取前者，因為我們的前途比短暫的歡樂更為重要。

我們應當學會放棄，並且敢於放棄，不要為了一點的利益而斤斤計較，也不要害怕選擇錯誤，因為錯誤常常是正確的先導，它教會我們逐漸學會放棄。

其實，在生活中，我們必須學會放棄，學會可以為了一棵樹而放棄整個森林，這也許便是另一種珍惜。未來是不可預知的，而對眼前的這一切，我還來得及把握，我還可以在無限中珍惜這些有限的事物！

人生，也就是在這種放棄與珍惜之中得到昇華！

猴子的悲劇

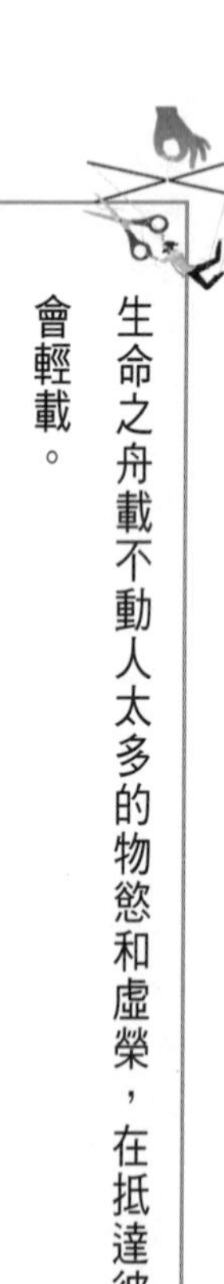

生命之舟載不動人太多的物慾和虛榮，在抵達彼岸時要學會輕載。

有一位禁慾苦行的修道者，準備離開他所居住的村莊，到無人居住的山中去隱居修行，他只帶了一塊布當作衣服，就一個人到山中居住了。

後來他想到當他要洗衣服的時候，他需要另外一塊布來替換，於是他就下山到村莊中，向村民們乞討一塊布當作衣服，村民們都知道他是虔誠的修道者，於是毫不考慮的就給了他一塊布，當作換洗用的衣服。

當這位修道者回到山中之後，他發覺在他居住的茅屋裏面有一隻老鼠，常常會在他專心打坐的時候來咬他那件準備換洗的衣服，由於他先前發誓一生遵守不殺生的戒律，因此他不願意去傷害那隻老鼠，但是他又沒有辦法趕走那隻老鼠，所以他便回到村莊中，向村民要了一隻貓來飼養。

得到了一隻貓之後，他又想到了——「貓要吃什麼呢？我並不想讓貓去吃老鼠，但總不能跟我一樣只吃一些水果與野菜吧！」於是他又向村民要了一頭乳牛，這樣子那隻貓就可以靠牛奶來維生。

但是，在山中居住了一段時間以後，他發覺每天都要花很多的時間來照顧那頭乳牛，於是他又回到村莊中，他找到了一個可憐的流浪漢，於是就帶著這無家可歸的流浪漢到山中居住，幫他照顧乳牛。

那個流浪漢在山中居住了一段時間之後，他向修道者抱怨說：「我跟你不一樣，我需要一個太太，我要有正常的家庭生活。」

修道者想一想也是有道理，他不能強迫別人一定要跟他一樣，過著禁慾苦行的生活……這個故事就這樣繼續演變下去，你可能也猜到了，到了後來，也許是半年以後，整個村莊都搬到山上去了。

慾望就像是一條鎖鏈，一個牽著一個，永遠都不能滿足。

《百喻經》裏有一個故事：從前有一隻獼猴，雙手抓了一把豆子，高高興興地在路上一蹦一跳地走著。一不留神，手中的豆子滾落了一顆在地上，為了這顆掉落的豆子，獼猴馬上將手中其餘的豆子全部放置在路旁，趴在地上，轉來轉去，東尋西找，卻始終不見那一顆豆子的蹤影。

最後獼猴只好用手拍拍身上的灰土，回頭準備拿取原先放置在一旁的豆子，怎知那顆掉落的豆子還沒找到，原先的那一把豆子，卻全都被路旁的雞鴨吃得一顆也不剩了。

年輕時，對於某些事物的追求，如果缺乏智慧判斷，而只是一味地投入，不也像故事中的獼猴只是顧及掉落的一顆豆子，等到後來，終將發現所損失的，竟是所有的豆子！想想，我們現在的追求，是否也是放棄了手中的一切，僅追求掉落的一顆！

在印度的熱帶叢林裏，人們用一種奇特的狩獵方法捕捉猴子：在一個固定的小木盒裏面，裝上猴子愛吃的堅果，盒子上開一個小口，剛好夠猴子的手伸進去，猴子一旦抓住堅果，手就抽不出來了。人們常常用這種方法捕捉到猴子，因為猴子有一種習性，不肯放下已經到手的東西。

人們總會嘲笑猴子的愚蠢：為什麼不鬆開手放下堅果逃命？但審視一下我們自己，也許就會發現，並不是只有猴子才會犯這樣的錯誤。

因為放不下到手的職務、待遇，有些人整天東奔西跑，耽誤了更遠大的前途；因為放不下誘人的錢財，有人費盡心思，利用各種機會去大撈一把，結果常常作繭自縛；因為放不下對權力的佔有慾，有些人熱衷於逢迎拍馬、行賄受賄，不惜丟掉人格的尊嚴，一旦事情敗露，後悔莫及……。

生命如舟，生命之舟載不動太多的物慾和虛榮，要想使之在抵達彼岸時不在中途擱淺或沉沒，就必須輕載，只取需要的東西，把那些應該放下的「堅果」果斷地放下。

讓我們從猴子悲劇中記取一個教訓，該鬆手時就要鬆手。

丟掉那個包袱

放棄得當，丟掉那些不值得帶走的包袱，才能登高行遠。

在墨西哥海岸邊，有一個美國商人坐在一個小漁村的碼頭上，看著一個墨西哥漁夫划著小船靠岸，小船上有好幾尾大黃鰭鮪魚；這個美國商人對墨西哥漁夫抓這麼高級的魚恭維了一番，問他要多少時間才能抓這麼多？

墨西哥漁夫說：「才一會兒工夫就能抓到了。」美國人再問：「你為什麼不待久一點，好多抓一些魚？」墨西哥漁夫覺得不以為然：「這些魚已經足夠我們一家人生活所需啦！」美國人又問：「那麼你一天剩下那麼多時間都在做什麼？」

墨西哥漁夫解釋說：「我呀？我每天睡到自然醒，出海抓幾條魚，回來後跟孩子們玩一玩，再跟老婆睡個午覺，黃昏時走到村子裏喝點小酒，跟哥兒們玩玩吉他，我的日子可是過得既充實又忙碌呢！」

美國商人聽了不以為然，幫他出主意，他說：「我是美國哈佛大學企管碩士，我倒是可以幫你忙！你應該每天多花一些時間去抓魚，到時候你就有錢去買大一點的船。自然你就可以抓到更多的魚，再買更多的漁船。然後你就可以擁有一個漁船隊，到時候你就不必把魚賣給魚販子，而是直接賣給加工廠。或者你可以自己開一家罐頭工廠。如此你就可以控制整個生產、加工處理和行銷。然後你可以離開這個小漁村，搬到墨西哥城，再搬到洛杉磯，最後到紐約。在那裡經營你不斷擴充的企業。」

墨西哥漁夫問：「這要花多少時間呢？」

美國商人回答：「十五到二十年。」

墨西哥漁夫問：「然後呢？」

美國商人大笑著說：「然後你就可以在家當皇帝了，時機一到，你就可以宣布股票上市，把你的公司股份賣給投資大眾。到時候你就發了，你可以幾億幾億地賺！」

墨西哥漁夫問：「然後呢？」

美國商人說：「到那個時候你就可以退休了啦！你可以搬到海邊的小漁村去住。每天睡到自然醒，出海隨便抓幾條魚，跟孩子們玩一玩，再跟老婆睡個午覺，黃昏時走到村子裏喝點小酒，跟哥兒們玩玩吉他囉！」

人生中有時我們擁有的內容太多太亂，我們的心思太複雜，我們的負荷太沉重，我們的煩惱無頭緒，誘惑我們的事物也太多，大大地妨礙我們，無形而深刻地損害我們。

我們的人生要有所獲得，就不能讓誘惑自己的東西太繁多，心靈裏累積的煩惱太雜亂，努力的方向過於分岔，我們必須簡化自己的人生。我們要經常地有所放棄，要學習經常否定自己，把自己的生活中和內心裏的一些東西斷然放棄掉。

如果我們永遠憑著過去生活的習性，日常世故的經驗，固守已經獲得的功名利祿，想要獲取所有的權錢職位，什麼風頭利益都要去爭，什麼樣的生活方式都讓我們眼花繚亂……這樣我們會疲於應付，把很多時間和精力都花費在無謂的紛爭和無窮的事情上。不僅自己的正常發展受到限制，甚至迷失自己真正應該前進的方向。

在人生的一些關口，我們的生命中會長出一些雜草，侵蝕我們美麗豐富的人生花園，搞亂我們幸福家園的田地。我們要學會對這些雜草剷除和放棄。放棄不適合自己的職業，放棄異化扭曲自己的職位，放棄實權虛名，放棄人事的紛爭，放棄變了味的友誼，放棄失敗的戀愛，放棄破裂的婚姻，放棄沒有意義的交際應酬，放棄壞的情緒，放棄偏見惡習，放棄不必要的忙碌壓力。

放棄我們人生田地和花園裏的這些雜草，我們才有機會，和真正有益於自己的人和事親近，才會獲得適合自己的事物。我們才能在人生的土地上播下良種，致力於有價值的耕種，最終收穫豐碩的糧食，在人生的花園採摘到鮮麗的花朵。

放棄得當，是對圍剿自己的藩籬的一次突圍，是對消耗你的精力的事件有力的回擊，是對浪費你生命的敵人的掃射，是你在更大範圍去發展生存的前提。

放棄得當，是對捆綁自己的背包的一次清理，丟掉那些你捨不得帶走的包袱，拿走拖累你的行李物件，你才可以簡潔輕鬆地走自己的路，人生的旅行才會更加愉快，你才可以登得高行得遠，看到更美更多的人生風景。

最高的褒獎

人有限的精力不可能各個方面都顧及到，放棄是一種必要的智慧。

華裔科學家、諾貝爾獎獲得者楊振寧和崔琦的成功，也是因為他們勇於放棄。楊振寧於一九四三年赴美留學，受「物理學的本質是一門實驗科學，沒有科學實驗，就沒有科學理論」觀念的影響，他立志撰寫一篇實驗物理論文。於是，由費米教授安排，他跟有「美國氫彈之父」之譽的泰勒博士做理論研究，並成為艾里遜教授的六名研究生之一。在實驗室工作的近二十個月中，楊振寧成為艾里遜實驗室流行的一則笑話的主角：「凡是有爆炸的地方，就一定有楊振寧！」楊振寧不得不正視自己動手能力比別人差！

在泰勒博士的關懷下，經過激烈的思想交鋒，楊振寧放棄了寫實驗論文的打算。毅然把主攻方向調整到理論物理研究上，因此踏上了成為物理界一代傑出理論大師之路。假如他執意一條路走到底，恐怕「楊振寧」至今還是一個寞寞無名的符號。

而一九九八年的諾貝爾獎得主崔琦，在有些人眼裏簡直是「怪人」：遠離政治，從不拋頭露面，整日浸泡在書本中和實驗室內，甚至在諾貝爾獎桂冠加頂的當天，他還如常地到實驗室工作。更令人不敢置信的是，在美國高科技研究的前沿領域，崔琦居然是一個道道地地的「電腦盲」。他研究中的儀器設計、圖表製作，全靠他一筆一劃完成。而一旦要發電子郵件，也都請秘書代勞。他的理論是：這世界變化太快了，我沒有時間趕上。放棄了世人眼裏炫目的東西，為他贏得了大量寶貴的時間，也就為他贏得了至高無上的榮譽。

人的一生很短暫，在有限的精力不可能各方面都顧及到，而世界上又有那麼多耀眼的精彩，這時候，放棄就成了一種大智慧。放棄其實是為了得到，只要能得到你想得到的，放棄一些對你而言並不必需的「精彩」，又有什麼不可以呢？

從前有個孩子，伸手到一只裝滿榛果的瓶裏，他盡其所能地抓了一把榛果，當他想把手收回時，手卻被瓶口卡住了。他既不願放棄榛果，又不能把手伸出來，不禁傷心地哭了。這時一個旁人告訴他：「只要拿一半，讓你的拳頭變小些，那麼你的手就可以很容易地拿出來了。」貪婪是大多數人的毛病，有時候只抓住自己想要的東西不放，就會為自己帶來壓力、痛苦、焦慮和不安。通常什麼都不願意放棄的人，結果最後什麼也沒有得到。

智慧的含義是什麼呢？一時半會兒，你也許答不上來。然而，我們知道智慧有很多類型，諸如：「神機妙算，足智多謀，滿腹經綸，幽默詼諧」等詞都是智慧的表現。但你也許想不到「放棄」也是一種智慧。

有人會說，「放棄」不就是丟棄，它是懦弱的表現，怎麼會是智慧呢？然而，不盡其然。儘管你的精力過人，志向遠大，但時間不容許你在一定時間內同時完成許多事情，正所謂：「心有餘而力不足。」這就如同把眼前的一大堆食物塞進嘴裏，塞得太滿，不僅腸胃消化不了，連嘴巴都要撐破了！所以，在眾多的目標中，我們必須依據現實，有所放棄，有所選擇。這樣我們才能選出適合自己的營養食品，然後慢慢咀嚼，細細品味，直到完全吸收，我們不就又有充沛的精力了嗎？

如果在放棄之後，煩亂的思緒梳理得更加分明，模糊的目標變得更加清晰，搖擺的心思就會更加堅定，那麼放棄又有什麼不好呢？人生總要面臨許多的選擇，所以就需要做出一些放棄。放棄是為了更好地調整自我，準備良好的心態向目標靠近。特別是在現代社會中，競爭日趨激烈，每個人的生存壓力也越來越重。於是每個人都身不由己地變得「貪心」，追求的太多，其失望的也越深。所以一定要保持一個清醒的頭腦，不要做那個抓滿榛果哭泣的孩子，因為畢竟我們已經不再是小孩了！

放棄，是一種睿智，是一種豁達，它不盲目，不狹隘。放棄，對心境是一種寬鬆，對心靈是一種滋潤，它驅散了烏雲，它清掃了心房。有了它，人生才能有爽朗坦然的心境；有了它，生活才會陽光燦爛。所以朋友們，別忘了，在生活中還有一種智慧叫「放棄」！

釣魚

心中貪的慾念使我們放不下，內心的慾望與執著，使我們一直受束縛，我們唯一要做的，只是將我們的雙手張開，放下無謂的執著，就能逍遙自在了。

放下無謂的執著，就能逍遙自在。

一個出身貧困的孩子十分喜愛釣魚，可是卻從來沒有釣過一條大魚。在鱸魚釣獵開禁前的那天晚上，他和母親又來到湖邊釣魚。放好魚線，裝好魚餌，一次次地將魚線抛向湖中。

湖面十分平靜，他和母親守在那裡，等著魚兒上鈎。可是，很長時間過去了，卻沒有一條魚上鈎。

就在他們準備回家的時候，魚線突然動了。他拎一拎，發現異常沉重，察覺到這肯定是一條大魚上鈎了。

他興奮極了，急忙快速地收魚線，線越收越短，湖面響起魚拍擊水面的聲音，母親取出漁網在湖邊準備撈住牠。

果然是條大傢伙。母親打開手電筒，照著魚身，發現牠是一條鱸魚，牠銀白色的魚鱗閃耀著光芒。

母親看著手錶，對孩子說：「現在是晚上十點。離開禁還有兩個小時，孩子我們放了牠吧！」

孩子說：「不，媽媽，我們好不容易釣到牠。」

孩子哭了，母親安慰他：「我們下次還會釣到更大的魚。」

孩子環視四周，湖邊上無人影，且夜色深沉。他對母親說：「別人不知道我們釣到了鱸魚。」

母親說：「孩子，湖邊四周雖沒有眼睛，但我們心裏有眼睛。」

在母親的堅持下，鱸魚被放走了。

三十年後，這個小男孩成為紐約最著名的建築師，他的作品遍及紐約。沒有人能想到出生在貧民窟裏的男孩會成為紐約的知名建築師，受到民眾的尊敬。更沒有人會把他的成就與三十年前那個夜晚聯繫起來。

心中貪的慾念使我們放不下，內心的慾望與執著，使我們一直受束縛，我們唯一要做的，只是將我們的雙手張開，放下無謂的執著，就能逍遙自在了。

想快樂就不要什麼都想「抓」

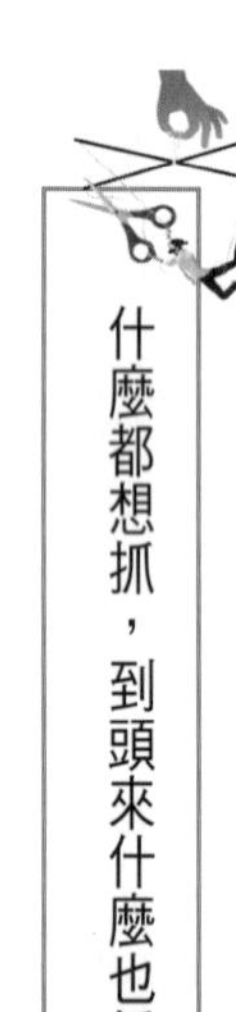

什麼都想抓，到頭來什麼也抓不到。

有個倒楣的賭徒，運氣真的很不好，賭錢輸了欠下人家一大筆債。老婆也因此與他離婚了，弄得家徒四壁，甚是徬徨，債主又追得緊。他越來越覺得活下去沒有意思，不如趁早了斷，於是往樓下一跳……。

來到了陰間，他希望能投胎到一個好人家，以後就能好好的過日子。

等到七七四十九天，該輪到他的鬼魂去投胎做人了。閻王問他有什麼要求。

賭徒說：「我要做宰相的兒子，狀元的父親，有萬畝良田，要有豪宅，園中遍植花果，要妻妾成群，要有滿屋的珠寶、滿倉的五穀、滿箱的金銀，要位列公卿，一生榮華富貴，長命百歲。還有一點，也是最重要的，就是逢賭必贏。」

閻王說：「要是有這麼好的人家，還不如我自己去了，何必讓你去。」

這時，一個老太婆模樣的女鬼哭哭啼啼地來喊冤枉，她也不跪，還有不少鬼卒伺候著，連閻王老子也恭恭敬敬地下座作揖：「給老佛爺請安，老佛爺到底有什麼大不了的事，要親躬敝殿，有事只需打個招呼，小王自會伺候。」

賭徒一看，心想：「莫非是所傳前清朝的慈禧太后，難道這一百多年，老傢伙還沒能去投胎做人？」原來是她的屍骨讓軍閥們扒得亂七八糟，陪葬的珠寶全被盜得一乾二淨，使得她去投胎也沒了母儀天下的威風，連黃泉路上的小客棧也住不起。

閻王聽她這麼一訴說，剛才那副恭敬相也收了，一臉鐵青，公事公辦地喝令說：「那妳起碼也抓住一些珠寶來到陰間呀！」

慈禧說：「哎呀！你這個陰野藩王，還虧你專司死亡，人死時兩手都放了，所謂撒手人寰，叫我怎麼抓？」

這時鬼卒也不客氣了，也不扶也不攙，使得她魂魄無依，搖曳不定。

慈禧位極人皇，連皇帝也要屈膝於她，可謂風光一世，自號老佛爺，死後還不是落得屍骨散落遍野，珠寶散失殆盡。

貴州山中有猴子，常常下山偷摘農民的玉米，伸左手摘一根，就夾在右腋下；伸右手摘一根，就夾在左腋下，那右腋下的一根自然就掉了。如此摘一根掉一根，牠以為摘得不少玉米，其實忙了半天，真正到手的也不過是一根。直到被農民發現一趕之下倉皇逃竄，連最後一根也掉了，弄不好被農民抓住，連命也不是自己的了。

如果到婦產科醫院看一看，所有的嬰兒出生時呱呱墜地，卻是兩手抓得緊緊的，儘管兩手空空，卻是什麼也想抓，其實什麼也抓不到。於是很感委屈，拚命地啼哭。而在殯儀館看到的死者，都是鬆開了手掌，什麼也抓不住，只好一聲不哼撒手西歸。這就好比是猴子抓玉米一樣，什麼都想抓，到頭來什麼也抓不到。

我們要好好地活在這個世上，盡做人的責任，多發一分光，多發一分熱。當人生舞臺閉幕時，水銀燈發出最後熾熱的光芒，聽到掌聲和歡呼，那就可以心安理得地謝幕了。

放下名譽

勢利繁華，不近者為潔，近之而不染者為尤潔；智械機巧，不知者高，知之而不用者為尤高。

在名利場上獲得一定權勢、地位的人，若想固守自己的一方靜土，求得一生的平安，則應當注重德性，注意順乎自然，絕不可強求。洪應明先生在《菜根譚》中說：「富貴名譽，自道德來者，如山村中花，自是舒徐繁衍；自功業來者，如盆檻中花，便有遷徙興廢。若以權力得者，如瓶缽中花，其根不植，其萎可立而待矣。」

這些話的意思是：一個人的榮華富貴，如果是因為施行仁義道德而得來的，就會像生長在大自然中的花一樣，不斷繁衍生息，沒有絕期；如果是從建立的功業中得來的，就會像栽在花缽中的花一樣，因移動或環境變化而凋謝；若是靠權力霸佔或謀私所得，那這富貴榮華就會像插在花瓶中的花，因為缺乏生長的土壤，馬上就會枯萎。這就告訴我們，沒有道德修養，僅靠功名、機遇或者是非法手段求得的福，千萬要警惕，它們是不能長久的，轉瞬即逝，就是意味著災難，伴隨著毀滅。只有那些德性高尚的人，才能領悟其中道理，保住一生平安。

唐朝郭子儀爵封汾陽王，王府建在首都長安的親仁里。汾陽王府自落成後，每天都是府門大開，任憑人們自由進進出出，而郭子儀不允許其府中的人對此給以干涉。有一天，郭子儀帳下的一名將官要調到外地任職，來王府辭行。他知道郭子儀府中百無禁忌，就一直走進了內宅。恰巧，他看見郭子儀的夫人和他的愛女正在梳妝打扮，而王爺郭子儀正在一旁侍奉她們，她們一會兒要王爺遞手巾，一會兒要他去端水，使喚王爺就好像奴僕一樣。這位將官當時不敢譏笑郭子儀，回家後，他忍不住講給他的家人聽，於是一傳十，十傳百，沒幾天，整個京城的人們都把這件事當成笑話來談論。郭子儀聽了卻覺得沒有什麼，但他的幾個兒子聽了倒覺得大丟王爺的面子。他們決定對他們的父親提出建議。他們相約一起來找父親，建議他下令，像別的王府一樣，關起大門，不讓閒雜人等出入。郭子儀聽了哈哈一笑，幾個兒子哭著跪下來求他，一個兒子說：「父王您功業顯赫，普天下的人都尊敬您，可是您自己卻不尊重自己，不管什麼人，您都讓他們隨意進入內宅。孩兒們認為，即使商朝的賢相伊尹、漢朝的大將霍光也無法做到您這樣。」

郭子儀聽了這些話，收斂了笑容，對他的兒子們語重心長地說：「我敞開府門，任人進出，不是為了追求浮名虛譽，而是為了自保，為了保全我們全家人的性命。」

兒子們聽完後感到十分的驚訝，忙問這其中的道理。郭子儀嘆了一口氣，說道：「你們光看到郭家顯赫的聲勢，而沒有看到這聲勢有喪失的危險。我爵封汾陽王，往前走，再也沒有更大的富貴可求了。月盈而蝕，盛極而衰，這是必然的道理。所以，人們常說要急流勇退。可是眼下朝廷尚要用我，怎肯讓我歸隱；再說，即使歸隱，也找不到一塊能夠容納我郭府一千餘口人的隱居地呀。可以說，我現在是進不得也退不得。在這種情況下，如果我們緊閉大門，不與外面來往，只要有一個人與我郭家結下仇怨，誣陷我們對朝廷懷有二心，就必然會有專門落井下石、陷害賢能的小人從中添油加醋，製造冤案，那時，我們郭家的九族老小都要死無葬身之地了。」郭子儀所以讓府門敞開，是因為他深知官場的險惡，正因為他具有高度的政治眼光，又有一定的德性修養，善於忍受各種複雜的政治環境，必要時犧牲掉局部的利益，才確保了全家的安樂。

還是洪應明老先生說得對：「勢利繁華，不近者為潔，近之而不染者為尤潔；智械機巧，不知者高，知之而不用者為尤高。」這話的意思就是：面對誘人的榮華富貴和炙手的權勢、名利，能夠毫不為之動心的人，其品格是高潔的，而接近了富貴和權勢名利卻不沾染上奢靡之習氣的，這種品格就更為高潔了。不知道投機取巧玩弄權術手段的人，固然是清高的，知道了卻不去採用它，這種人無疑是最清高的。這就是說，面對榮華富貴，但不被這些東西所迷惑，能潔身自愛的人，就不會受到玷辱，就能平安無事。

不要太篤定

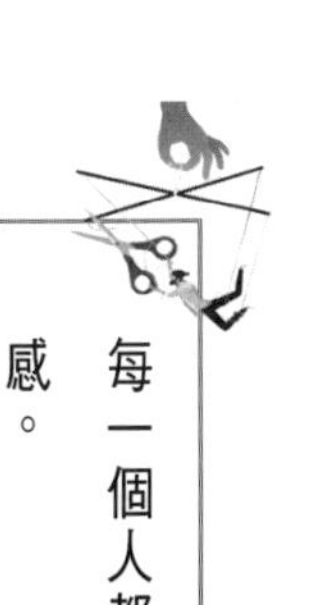

每一個人都應該多做一些有意義的事，才不會產生空虛感。

常聽到有人在嘆息：「一天又過去了。」像這種對於自己的人生目標毫無概念，無法體會人生真正快樂的人，不管物質生活是多麼富裕，都是空虛的、孤獨的。相反的，內心經常懷有使命感，覺得有許多事情要做，如果不能將事情完成，就難以心安的人，生活一定過得充實。所以，我們只要稍微改變一下對事物的看法，生活方式就會產生很大的改變。

有一個女人生下一個智能不足的孩子，她為此自責不已，每當想到孩子的將來，就難過萬分，整日愁容滿面，甚至產生與孩子同歸於盡的想法。有一次，她路過一所啟智學校，看到裏面有許多智能不足的小孩子在認真地讀書。她才頓時領悟到，智能不足的小孩子也應該有屬於自己的珍貴生命。以前，每當她想到：「我死了，這個孩子要由誰來照顧」時，就會產生厭世的想法，現在她的心中突然燃起一道光明的希望，因此更堅定她活下去的勇氣。

當她每天送孩子上學時，總是在心中祈禱：「我今天要更堅強。」她還說：「因為我有了這樣的孩子，所以，我比別人更努力地學習人生中的一切，就這一點來看，這個孩子算是我人生的老師和恩人。」

世界上有許多面臨不幸遭遇的人，由於苦惱無處發洩而抑鬱終生。反之，身體健全的人們，如果還不知珍惜上天的恩寵，只會虛度光陰，豈不是非常的不應該嗎？一旦產生空虛感時，就要有效地善加利用，在其他方面來努力，才能掌握

幸福。

正如有一篇文章所提到的：「在一天之中，飲食、排泄、睡眠、說話、走路等，已花去了許多時光，如果剩餘的時間，不知善加利用，而盡做無益的事、說無益的事、想無益的事，不但浪費時間，而且空擲歲月。這樣虛度一生的人是最愚蠢的。所以，每一個人都應該多做一些有意義的事，才不會產生空虛感。光陰是無情的，絕不會等待我們。我們要及時醒悟，珍惜光陰，好好努力，不要讓光陰迅速地流逝。」某位老先生在世時，每日都要提醒他的後人們：「不要慢吞吞地！」

我們不妨將這句話也記住，每當稍有偷懶的意念時，就以這句話來激勵自己。**人生只有一次，究竟是過著充實的生活或者虛擲人生，全在我們的一念之間，既然要度過一生，凡事只要能盡自己的力量，認真地去做，成功與失敗，就全聽天意的安排了。**

及時採取正確的行動

與其白白擔心，不如制定周密的計劃，依靠堅定的毅力，採取具體可行的行動。

斯卡斯—沃爾什的總裁彼得·希內是紐約市的一個石油經銷商。他繼承了他父親的事業，從繼承的那一天起，他就不得不面對一群訓練有素的職員、競爭激烈的市場、不斷變換的顧客，以及不斷上漲的成本和不斷下降的利潤，這對於一個只有二十二歲的年輕人來說，似乎過於嚴峻了。

希內是一個非常羞澀的人，他當時剛從聖約翰大學商學院畢業，在他面對一家昔日十分輝煌、今天卻生機不足的大公司時，內心感到十分的緊張。兩年內他增加了一〇五磅，並養成了一天抽三包半香煙的習慣，為了緩解壓力，他一天喝掉兩瓶馬丁尼酒。

當希內成為著名諮詢顧問柯維的委託人的時候，柯維對他面臨的處境做了全面的考量，並做了如下建議：為他的銷售商提供一個新的訓練計劃，改變他對市場的依賴，重組公司的結構。柯維也建議他參與到服務部門中來，包括尋找新的石油主顧和尋找新的設備評估員。上述的任何一個改變對一般人而言都是一個考量。最後一個建議尤其與這個年輕人的性格相抵觸。然而，他是一個堅強的人，一旦知道了怎麼做，他就會迫不及待地行動了。憑著一個周詳的計劃，他開始了重組公司的任務。銷售商們的群起反對，加上他本人缺乏市場經驗，在計劃的一開始便形成了一個挑戰。然而一年之內，公司就發生了巨大的變化：希內為他的銷售商們制定了一個新的訓練計劃，他在其中起了主要作用。在一年的前二個月中，他在這個銷售組織中排名第一。他自己設計軟體，編寫程式來瞭解和控制市場的變化，他很快就以銷售兼服務的領導身分在市場內獲得了良好的聲譽。他的價格不是最低的，然而客戶們卻能紛紛被吸引到他的公司來與他合作。

如果沒有周詳的計劃和堅定的毅力，他大概一個月內就要放棄了。實際所花的時間比預想的要長些，然而希內畢竟使一切走上了正軌。

最後，他這樣總結自己取得的成績：「我們一直在努力按照柯維先生提供的建議去做，坦率地說這是我們今年最大的收穫。我們的收入果然提升了。我們的債務也因公司的發展而發生了很大變化：去年我們的債務是一百三十五萬美元，今年減少到七十五萬美元。此外，我們現在在銀行裏有四十萬美元的存款，而去年這個時候，我們的存款還是負的。」

今天，希內依然活躍和充滿朝氣，他體重減輕了一百磅，戒掉了抽煙和喝酒，每週打兩次網球。他已經收購了兩家和他最初規模一樣大的公司，並且打算再收購一家。他絲毫不再感到壓力，因為他有足夠的信心。

石油大亨的決策

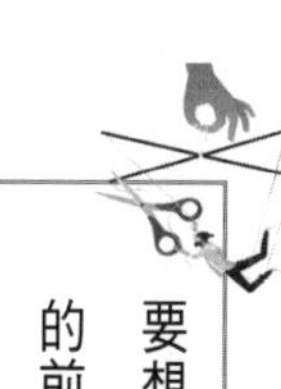

要想創造一番事業，必須學會等待機會，耐心等待是致勝的前提。

在美國賓夕法尼亞州發現石油以後，成千上萬人像當初採金熱潮一樣湧入採油區。一時之間，賓夕法尼亞土地上井架林立，原油產量快速上升。

克利夫蘭的商人們對這一新行業也怦然心動，他們推選年輕有為的經紀商洛克菲勒去賓州原油產地親自調查一下，以便獲得直接而可靠的資訊。

經過幾日的長途跋涉，洛克菲勒來到產油地，眼前的一切令他觸目驚心：到處是高聳的井架、凌亂簡陋的小木屋、怪模怪樣的挖井設備和儲油槽，一片烏煙瘴氣，混亂不堪。這種狀況令洛克菲勒多少有些沮喪，透過表面的繁榮景象，他看到了盲目開採背後潛在的危機。

冷靜的洛克菲勒沒有急於回去向克利夫蘭的商人彙報調查結果，而是在產油地的美利堅飯店住了下來，進一步作實地考察。他每天都看報紙上的市場行情，靜靜地傾聽焦躁而又喋喋不休的石油商人的敘述，認真地詳細的作筆記。而他自己則惜字如金，絕不透露出什麼想法。

經過一段時間的考察，他回到了克利夫蘭。他建議商人不要在原油生產上投資，因為那裡的油井已有七十二座，日產油一百三十五桶，而石油需求有限，油市的行情必定下跌，這是盲目開採的必然結果。

果然，不出洛克菲勒所料，「打先鋒的賺不到錢。」由於瘋狂地攢油，導致油價一跌再跌，每桶原油從當初的二十美元暴跌到只有十美元。那些攢油先鋒一個個敗下陣來。

三年後，原油一再暴跌之時，洛克菲勒卻認為投資石油的時候到了，這大大出乎一般人的意料。他與克拉克共同投資四十萬美元，與一個在煉油廠工作的英國人安德魯斯合夥開設了一家煉油廠。安德魯斯採用一種新的技術來提煉煤油，使安德魯斯—克拉克公司迅速的發展。

這時，洛克菲勒儘管才二十出頭，但做生意已頗為老練。他欣賞那些得冠軍的馬拉松選手的策略，即讓別人打頭陣，看準時機給他一個出其不意，後來居上才是最明智。他在耐心等待、冷靜觀察一段時間後，決定放手一搏了。

用態度去改變命運

如果你背對著整個世界，整個世界也會背對著你。命運是不可改變的，可改變的只是我們對命運的態度。然而，只要我們能夠以恰當的態度對待命運，命運也就不是那麼可怕了。

唐邁十六歲那年夏天，他心愛的哥哥死於車禍。頃刻間，他的大腦裏一片空白；自此他精神崩潰了，失去親人的痛苦感壓迫著他的內心，他沈默寡言，臉上不再有笑容。在他看來，歡樂是別人的，悲傷痛苦如柵欄一樣，牢牢地困住著自己；孤寂如同衣衫一樣裹著他。他沒有朋友，沒有任何與人交往的慾望。在靜默中，他想到過死。

終於有一天，他驀然回首，才明白自己為什麼活得如此累，如此苦。這一切又是多麼的幼稚。逝者如斯，對待死者最深切的慰念，除了在墳墓上哭啞喉嚨，還有更重要的，那絕不是人為的構築堡壘，製造憂傷，而是邁進前行。

後來，他交了女朋友，不久之後分手了。此時唐邁並沒有痛不欲生的感覺，他已經學會了不再封閉自己的感情，不再封閉自己的世界。

在生活中，每個人都可能遇到過許許多多的不幸，諸如親人不幸死亡、朋友分手、身患重病……你一定要注意，這一切對於你都不重要，對你都不會構成致命的創傷。

最致命的創傷是來自我們自己的心靈深處，是我們的心靈導致我們絕望。只要我們放棄絕望的思想，而是換一個角度思考問題：

親情阻斷黃泉路，難道還能尋回來什麼？
有情有緣而不能相伴終生，莫若及早離開，痛碎心也沒有必要。
無緣是路人，遲早要分手，為什麼要死守不放？
這樣想，就會豁達起來，發現陽光依舊照耀著你，月光仍然撫愛著你。

天使的回答

天下沒有免費的晚餐，幸福要靠自己的雙手去創造。

很久很久以前，在挪威某個小村莊有一個年輕人，他正好是青春年華，但卻終日愁眉不展，覺得自己是世界上最不幸福的人。他向上天祈求指點，好讓他能找到幸福。他的虔誠感動了上天，給他派來了一位天使。

天使把這位年輕人帶到一個峽谷，告訴他：「這裡就是幸福峽谷，也是人間天堂」。

當時是夏天，北歐國家一年中最美的季節。峽谷中叢林茂盛，野花盛開，歸來的候鳥在無垠的晴空下飛翔，小溪唱著歡樂的歌兒流下山去。年輕人的心豁然開朗，被峽谷的風景給迷住。他還來不及表示感激，天使便說：「每個人的一生中只能來兩次，你要珍惜你的機會啊！」說完，天使就消失了。暮色降臨時，年輕人依依不捨地離開了峽谷。

從此年輕人的生活態度有了很大的改觀，因為他知道幸福峽谷在哪裡，知道在哪裡能找到幸福的方向。他也一直牢記天使的告誡，不想輕易動用他的機會。他決定盡自己的最大的努力嘗試解決問題，不到萬不得已的時候不到峽谷去。奇怪的是，在他的努力之下，遇到問題都能迎刃而解。

到了年老，他已是著名的成功人士。在生命的最後時刻，他獨自回到幸福峽谷。

他跪在峽谷中祈禱，感激上天對他的厚愛，賜予他無限的幸福。這時，天使出現在他的面前，告訴他幸福是全靠自己的雙手去創造，上天只會幫助有志者。

他不大相信的說：「但這裡不是有魔力的幸福峽谷嗎？」

天使笑了，反問說：「難道你真的以為這裡和別處的峽谷有什麼不同嗎？」

當年的年輕人愣住了，似乎是頭一次認真觀察眼前的峽谷，過了好長時間才恍然大悟。

農田裏的廣闊

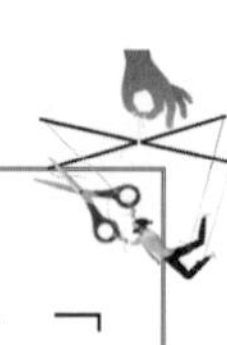

「前進」與「後退」不是絕對的，假如在慾望的追求中，心靈沒有提升，則前進正是後退；反之，若在失敗中、挫折裏，心性有所覺醒，則後退正是前進。

經過一個地方，看到幾個農夫正在插秧。由於太久沒看到農夫插秧了，再加上春日景明、大地遼闊，使我為那無聲的畫面感動，忍不住下了車。

農夫彎腰的姿勢正如飽滿的稻穗，一步一步將秧苗插進水田，並小心謹慎地往後退去。每次看到農夫在田裏專心工作，心裏就為那勞動的美所感動。特別是插秧的姿勢最美，這世間大部分的工作都是向前的，唯有插秧是向後的，也只有向後插秧，才能插出筆直的稻田；那彎腰退後的樣子，總使我想起從前隨父親在田間工作的情景，不由得的生起感恩和恭敬的心。

我站在田岸邊，面對著新鋪著綠秧的土地，深深地呼吸，感覺到春天真的來了，空氣裏有各種薰人的香氣。剛下過連綿春雨的田地，不僅有著迷濛之美，也使得土地濕軟，耕作就更為容易。春日真好，春雨也好！看著農夫的身影，我想起一首禪詩：

手把青秧插滿田，
低頭便見水中天；
六根清淨方為道，
退步原來是向前。

這是一首以生活中的插秧來象徵在心田插秧的詩。意思是唯有在心田裏插秧的人，才能從心中看見廣闊的藍天，只有六根清淨才是修行者唯一的道路；要走入那清淨之境，只有反觀回轉自己的心，就像農夫插秧一樣，退步原來正是向前。站在百尺竿頭的人，若要更進一步，就不能向前飛躍，否則便會粉身碎骨。只有先從竿頭滑下，才能去爬一百零一尺的竿子。

人生裏退後一步並不全是壞的，如果在前進時採取後退的姿勢，以謙讓恭謹的方式向前，那就更完美了。**「前進」與「後退」不是絕對的，假如在慾望的追求中，心靈沒有提升，則前進正是後退；反之，若在失敗中、挫折裏，心性有所覺醒，則後退正是前進。**

農夫退後插秧，是前進還是退後呢？記得從前在小乘佛教國家旅行，進佛寺拜拜，寺院的執事總會教導，離開大殿時必須彎腰後退，以表示對佛的恭敬。此刻看著農夫彎腰後退插秧的姿勢，想到從佛寺離去時的姿勢是多麼的相像，彷彿從那細緻的後退中，看見了每一株秧苗都有佛的存在。

「青青秧苗，皆是法身」，農夫幾千年來就以美麗謙卑的姿勢那樣的實踐著，那美麗的姿勢化成金黃色的稻穗，那彎腰的謙卑則化為累累垂首的稻子，在土地中生長，從無到有、無中生有，不正是法身顯化的奇蹟嗎？車子穿行過柳樹與七里香夾道的小路，我的身心爽然，有如山洞溪流一樣明淨，好像剛剛在佛寺裏虔誠地拜過佛，正彎腰往寺門的方向退去。

空中的藍天與水中的藍天一起包圍著我，從兩頰飛過，帶著音樂。

音樂大師的創作

舒伯特看著孩子邊跑邊不停的回頭朝自己揮手，一直到孩子的身影消失在夜霧漸起的小街深處。

維也納的冬天，從阿爾卑斯山上襲來的寒風鋒利如刀。

那一個夜晚，舒伯特（一七九七—一八二八）從小學校裏練完鋼琴回家。舒伯特很窮，家裏沒有鋼琴，所以每天只好到小學練琴。走在寂靜的路上，只聽到風聲，只看見路燈閃爍，夜色籠罩的街上顯得有些淒涼。路過一家舊貨店的時候，舒伯特忽然看見一個小男孩。舒伯特認識這個小男孩，他跟自己學過音樂，和自己一樣是個窮孩子，甚至比自己還要一貧如洗。夜這麼深了，小男孩還沒有回家，仍站在寒冷的街頭在做什麼？這時舒伯特看見了小男孩手裏拿著東西，那是一本書和一件舊衣服。舒伯特立刻明白了，小男孩是要賣這兩樣東西，可是站到現在還沒有賣出去。誰會買一件太破舊的衣服和一本沒什麼用的舊書呢？童年的舒伯特也有這樣的經歷和心境。他知道那是一種什麼滋味。

舒伯特望著這個小男孩，心裏充滿著同情和憐惜。他看見孩子那雙充滿憂鬱、無奈的眼睛裏噙滿淚水。枯寂的街頭、濃重的夜色和淒涼的寒風，似乎要把他們兩人吞沒了。

舒伯特彎腰將自己的衣兜掏了個遍，把所有的錢都掏了出來，可惜並沒有多少錢。舒伯特是個貧窮的音樂家，他作的曲子賣不了多少錢，只好靠教授音樂來謀生。他自己甚至連一件外衣都沒有，只好和同伴合穿一件，誰外出辦事誰穿。有時候，連買紙的錢都沒有，他不只一次的說：「如果我有錢買紙，我就可以天天作曲了！」

舒伯特無可奈何地搖搖頭，將那些錢交給了小男孩，他對孩子說：「那本書賣給老師吧！」他拍拍孩子的肩膀。

孩子看了看手中的錢，他知道那本書值不了那麼多的錢。他又望了望舒伯特，一時之間說不出話來。

舒伯特安慰孩子說：「快回家吧！夜已經很深了。」孩子點點頭轉身就跑了，寒風撩起他的衣襟，像鳥兒撲扇著快樂的翅膀。剛跑幾步他很快又回過頭朝舒伯特喊道：「謝謝您，老師！」舒伯特看著孩子邊跑邊不停地回頭朝自己揮手，一直到孩子的身影消失在夜霧漸起的小街深處。舒伯特也要回家了，他邊走邊隨手翻看著那本舊書。忽然，他看到書中的一首詩，立刻被吸引住了，情不自禁站在路燈下仔細讀了起來：

少年看見紅玫瑰，

原野上的紅玫瑰，

多麼嬌嫩多麼美；
急急忙忙跑去看，
心中暗自讚美，
玫瑰，玫瑰，
原野上的紅玫瑰。
少年說我要摘你回去，
原野上的紅玫瑰。
玫瑰說我刺痛你，
使你永遠不忘記，
我絕不能答應你！
玫瑰，玫瑰，原野上的紅玫瑰。
粗暴少年動手摘，
原野上的紅玫瑰。

玫瑰刺痛他的手，
悲傷歎息沒有用，
只得任他摧殘去。
玫瑰，玫瑰，
原野上的紅玫瑰。

這是歌德的詩《野玫瑰》。不知怎麼搞的，驀然之間，寒冷的風和漆黑的夜，都不存在了，連周圍的世界都不存在了，舒伯特的眼前只有那盛開的野玫瑰。他似乎聞到了野玫瑰濃郁的芳香，看到了頑皮孩子的身影……一段清新而親切的旋律，就這樣從濃重的夜色中，從蒼茫的夜空中，從寒冷的夜風中飄來，在舒伯特的心裏揚起如花的漣漪。舒伯特加快了步伐，朝向家中走去，走著走著，被這旋律激動著，忍不住跑了起來，飛似的跑回家，立刻把這段美妙的旋律寫了下來。

這就是一直傳唱至今的歌曲《野玫瑰》。那一年，舒伯特才十八歲。現在，這首歌曲的手稿已經價值連城。但當時舒伯特的手稿並不值錢。他的不朽名曲《流浪者》，當時只賣了兩個錢幣，他的《搖籃曲》只換來一份土豆；而前者在他死後四十年，出版商就賺了二千七百個錢幣，後者的手稿一百餘年之後被拍賣了五十萬法郎。

如果當年舒伯特的音樂就能賣得如此高的價錢，會是一種什麼樣的情景呢？我常常這樣想：舒伯特一生和貧窮與疾病為伍。小時候，他一個很大的願望就是能吃一顆蘋果，他十六歲時起就離開家自己謀生。正是因為窮，他所愛的一個漂亮的女孩無法忍受，在藝術和金錢中，選擇了金錢，嫁給了一個富商，當時給舒伯特同時也給他所敬仰的藝術沉重的打擊……舒伯特曾不只一次地說過：「我的心是永遠痛苦的，我永遠、永遠也不能恢復了。」

我有時會這樣替舒伯特設想，如果突然之間舒伯特發了大財，不再有兩個人穿一件外衣或蘋果的問題，舒伯特會變成什麼樣子呢？我想這樣的問題並不是舒伯特一個人會面臨，每一個藝術家都有可能面臨。人生處處充滿著種種誘惑，藝術是一種誘惑，金錢也是一種誘惑，但當我想起這個問題，我為自己這一設想感到害怕。處於燈紅酒綠美女鮮花包圍之中的舒伯特，還會有那麼多時間、那麼多激情、那麼多敏感善良的念頭和靈感，捕捉到那麼美麗的七彩音符，為我們創造出那麼多優美的音樂嗎？舒伯特在寒冷的冬夜街頭遇到那個小男孩，還會如此富有同情心掏光衣袋中所有的錢幣給那個小男孩嗎？不，那時的舒伯特根本不會自己一個人走在寒冷的街頭，起碼他會有人陪伴著(當然很可能是一位妙齡女郎)，起碼他會坐一輛豪華的馬車，他根本不會有和那個小男孩在街頭相遇的可能。那麼，舒伯特還會給我們留下如此美妙的《野玫瑰》嗎？

兩條路

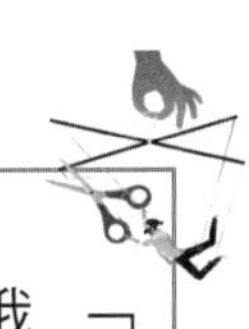

「青春啊！回來，父親喲！把我重新放回人生的入口吧！我會選擇一條正確道路的！」

等到歲月流逝，你們在黝暗的山路上步履踉蹌時，再來痛苦地叫喊：「青春啊！回來，還我韶華！」那只是徒勞的了。

新年的夜晚。一位老人佇立在窗前，他悲傷地抬頭遙望蒼天，繁星宛若玉色的百合漂浮在澄清的湖面上。老人又低頭看看地面，幾個比他自己更加無望的生命正走向他們的歸宿—墳墓。老人在通往那塊地方的路上，也已經消磨掉六十個寒暑了。那旅途中，他除了有過失望和懊悔之外，再也沒有得到任何別的東西。

年輕時代的情景浮現在老人眼前，他回想起那莊嚴的時刻，父親將他置於兩條道路的入口，一條路通往陽光燦爛的升平世界，田野裏豐收在望，柔和悅耳的歌聲四方回蕩；另一條路卻將行人引入漆黑的無底深淵，從那裡湧流出來的是毒液而不是泉水，蛇蟒滿處蠕動，吐著舌箭。

老人仰望昊天，苦惱地失聲喊說：「青春啊！回來，父親喲，把我重新放回人生的入口吧！我會選擇一條正確道路的！」可是，父親以及他自己的黃金時代都一去不復返了。

他看見陰暗的沼澤地上空閃爍著幽光，那光亮遊移明滅瞬息即逝了，那是他輕拋浪擲的年華。他看見天空中一顆流星隕落下來，消失在黑暗之中；那就是他自身的象徵。突然的懊悔像一支利箭射穿了老人的心臟。他記起了早年和自己一同踏入生活的夥伴們，他們走的是高尚、勤奮的道路，在這新的夜晚，載譽而歸，無比快樂。高聳的教堂鐘樓鳴鐘了，鐘聲使他回憶起兒時雙親對他這浪子的疼愛。他想起了父母親的教誨，想起了父母親為他的幸福所作的祈禱。強烈的羞愧和悲傷使他不敢再多看一眼父親居留的天堂。老人的眼睛黯然失神，淚珠兒泫然墜下，他絕望地大聲呼喚：「回來，我的青春，回來呀！」

老人的青春真的回來了。原來，剛才那些只不過是他在新年夜晚打盹兒時做的一個夢。

儘管他確實犯過一些錯誤，眼下卻還年輕。他虔誠地感謝上天，時光仍然是屬於他自己的，他還沒有墜入漆黑的深淵，可以自由地踏上那條正確之路，進入福地洞天，豐碩的莊稼在那裡的陽光下起伏翻浪。

依然在人生的大門口徘徊逡巡，躊躇著不知該走向哪條路的人們，記住吧！等到歲月流逝，你們在黝暗的山路上步履踉蹌時，再來痛苦地叫喊：「青春呵！回來，還我韶華。」那只能是徒勞的了。

丟掉明天的包袱

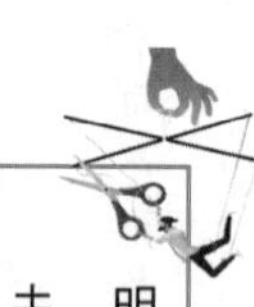

明天將是新的一天，應當重新開始，振作精神，不要使過去的錯誤成為明天的包袱。

英國前首相勞合．喬治有一個習慣—隨手關上身後的門。有一天，喬治和朋友在院子裏散步，他們每經過一扇門，喬治總是隨手把門關上。「你有必要把這些門關上嗎？」朋友內心很是納悶。

「哦，當然有這個必要。」喬治微笑著對朋友說，「我這一生都在關我身後的門。你知道，這是必須做的事。當你關門時，也將過去的一切留在後面，不管是美好的成就，還是讓人懊惱的失誤，然後，你才可以重新開始。」

「我這一生都在關我身後的門！」多麼經典的一句話！從昨天的風雨裏走過來，身上難免沾染一些塵土和霉氣，心中多少留下一些酸楚的記憶，這是不能完全抹掉的。我們需要總結昨天的失誤，但是我們不能對過去的失誤和不愉快耿耿於懷，因為傷感也罷、悔恨也罷，都不能改變過去，不能使你更聰明、更完美。如果總是揹著沉重的懷舊包袱，為逝去的流年傷感不已，那只會白白耗費眼前的大好時光，那也就等於放棄了現在和未來。追悔過去，只能失掉現在；失掉現在，哪有未來！正如俗話所說：「為誤了頭一班火車而懊悔不已的人，肯定還會錯過下一班火車。」

要想成為一個快樂成功的人，最重要的一點就是記得隨手關上身後的門，學會將過去的錯誤、失誤通通忘記，不要沉湎於懊惱、後悔之中，而要一直往前看。時光一去不復返，每天都應盡力做完當天該做的事，明天將是新的一天，應當重新開始，振作精神，不要使過去的錯誤成為明天的包袱。

記得當代大提琴演奏大師帕波羅．卡薩爾斯在他九十三歲生日那天說過的一句話：「我在每一天裏重新誕生，每一天都是我新生命的開始。」

簡單道理

一個人只顧眼前的利益，得到的終將是短暫的歡愉；一個人目標高遠，但也要面對現實的生活。

從前，有兩個饑餓的人得到了一位長者的恩賜：一根魚竿和一簍鮮活碩大的魚。其中，一個人要了一簍魚，另一個人要了一根魚竿，於是他們分道揚鑣了。得到魚的人原地就用乾柴搭起火爐煮起了魚，他狼吞虎嚥，還沒有品嚐出鮮魚的肉香，轉瞬間，連魚帶湯就被他吃了個精光，不久，他便餓死在空空的魚簍旁。

另一個人則提著魚竿繼續忍饑挨餓，一步步艱難地朝向海邊走去，但當他已經看到不遠處那片蔚藍色的海洋時，他全身的最後一點力氣也用完了，他最後只能眼睜睜地帶著無盡的遺憾撒手人間。

又有兩個饑餓的人，他們同樣得到了長者恩賜的一根魚竿和一簍魚。只是他們並沒有各奔東西，而是協議共同去找尋大海，他們每次只煮一條魚，他們經過漫長的跋涉，來到了海邊，從此，兩人開始了捕魚為生的日子，幾年後，他們蓋起了房子，有了各自的家庭、子女，有了自己建造的漁船，過著幸福安康的生活。

一個人只顧眼前的利益，得到的終將是短暫的歡愉；一個人目標高遠，但也要面對現實的生活。

只有把理想和現實有效的結合起來，才有可能成為一個成功之人。有時候，一個簡單的道理，卻足以給人意味深長的生命啟示。

如果沒有選擇

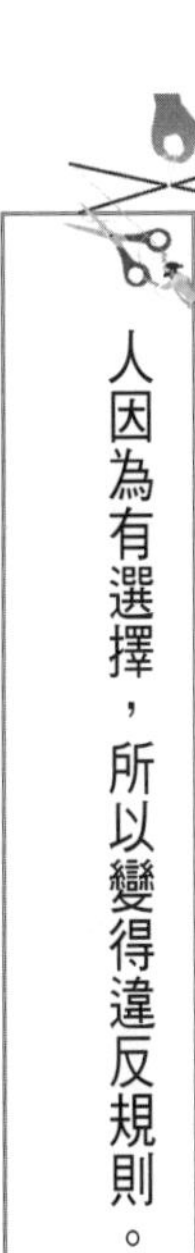

人因為有選擇，所以變得違反規則。

一般人生活在現今繁榮的經濟體系下，在任何人、事、物中都有很多的選擇，也因為有太多的選擇，所以舉棋不定、猶豫不決變成了大部分人的習慣。

當你看著別桌跟你吃的不一樣時，你可能開始懷疑是不是他們的比較好吃？所以每當拿起菜單目錄看到林林總總一大堆的菜名，你只好又開始舉棋不定了！

當你看到朋友、同學日子過的不錯，你可能開始懷疑自己是不是入錯行、選錯公司了；於是三心二意、工作不力，只好每況愈下。

當你逛街看到美女或辣妹，你可能懷疑自己是不是娶錯老婆、交錯女朋友？回家便沒好臉色看！感情怎麼會好？

也因為選擇多了，更容易使自己迷失，不知道自己要的是什麼？

記得有一次諮詢一對夫妻，當時問那個老公：假如這輩子你只能買一部喜歡的車，那你會如何保養這部車？

老公很興奮地說：「那我會用最好的機油、準時保養、常常洗車……。」

我邊點頭微笑邊聽他講了一大堆，這時我又問：「那假如這輩子你只能娶一個老婆，那你會如何對待她？」

這時老公臉一紅，摟著老婆伸手跟我握手說：我知道答案了！

一瞬間老公看老婆的眼神都變了。有時侯沒有選擇會比有選擇好！

平穩心態

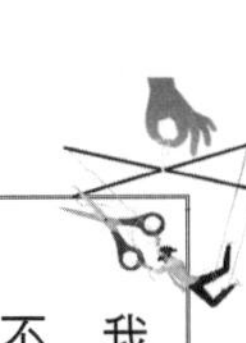

我見過很多人把自己的人生目標定得非常高，但總是實現不了，於是越來越灰心，最後連目標也沒有了。

幾年前，我的狀態糟透了。當時一個朋友跟我說，高處有月亮，但是假如你的目標是蘋果，就不必飛得那麼高。因為，如果你的目標是蘋果，而你飛到一萬公尺高空，那麼你既得不到月亮也看不見蘋果。對於月亮來說，一萬公尺和一公尺沒有什麼區別，而對於蘋果來說，並沒有那麼高的蘋果樹。

正是那時我總結出過好日子的重要方法之一，就是適當地降低飛行高度。我見過很多人把自己的人生目標定得非常高，但總是實現不了，於是越來越灰心，最後連目標也沒有了。

這裡有一個真實的故事：一個女人一直「待價而沽」，她有體面的職業、良好的教育背景，而且人也很能幹，一段錦繡前程展現在她的眼前。但是她一直沒有找到合適的男朋友，這讓她內心很不滿意，她覺得至少應該有男人來愛她—她有那麼多的可取之處。她等了很久，以至於後來開始抱怨自己「曲高和寡」。

一個聽她抱怨的人說：「既然妳覺得高處不勝寒，為什麼不下來一點呢？」於是，這個女人就稍微降低了一點自己的「飛行高度」，也就是說她不再像展翅高飛的鷹一般，對男人一律採取「鳥瞰」的態度，於是立刻發現自己有好多選擇的人選。

有的時候，美好生活就在離你很近的地方，但是因為你把眼光投向很遠的地方，結果錯過了。有的時候，只需要降低一點點，生活就會好很多。

我們的需求其實並不多，有時太過充足的物質反而會成為我們的負擔。正所謂「量體裁衣」，合體就已足夠，如果再要求更多的，不是浪費嗎？

一個人在河邊釣魚，他釣了非常多的魚，但每釣上一條魚就拿尺量一量。只要比尺大的魚，他都把魚放回河裏。

旁觀的人看見了不解地問：「別人都希望釣到大魚，你為什麼將大魚都放回河裏呢？」

這人不慌不忙地說：「因為我家的鍋子只有尺這麼寬，太大的魚放不下去。」

不讓無窮的慾念攫取己心，「夠用就好」也是不錯的生活態度。當人們在吃到飽的自助餐廳，毫無忌憚地吞食，那可真是一個可怕的景象。取自己夠用的，不必貪求，這也是很重要的修煉。

經營有聲有色的人生

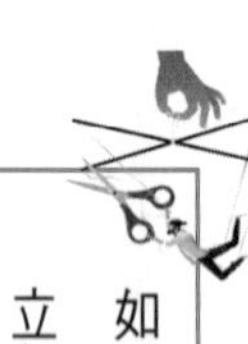

如果你能在看重自己的前提下，善於經營自己的長處，建立起自信心，就能揭開自己人生的新的篇章。

愛因斯坦在二十世紀五〇年代曾收到以色列當局的一封信，信中懇請他去當以色列總統。愛因斯坦是猶太人，若能當上猶太國家的總統，在一般人看來，自是榮幸之至了。出乎人們意料的是，愛因斯坦竟然拒絕了。他說：「我整個一生都在和客觀物質打交道，既缺乏天生的才智，也缺乏經驗來處理行政事務以及公正地對待別人。所以，本人不適合如此高官重任。」

大文豪馬克．吐溫曾經經商。第一次他從事打字機的投資，因受人欺騙，賠了十九萬美元；第二次辦出版公司，因為是外行不懂經營，又賠了近十萬美元。不僅自己多年用心血換來的稿費賠了個精光，還欠了一屁股債。馬克．吐溫的妻子奧莉姬深知丈夫沒有經商的本事，卻擁有文學上的天賦，便幫助他鼓起勇氣，振作精神，重走創作之路。終於，馬克．吐溫很快擺脫了失敗的痛苦，在文學創作上建立了輝煌的成績。

人生的訣竅就是經營自己的長處。這是因為經營自己的長處能給你的人生增值，經營自己的短處會使你的人生貶值。佛蘭克林說：「寶貝放錯了地方便是廢物。」就是這個意思。在人生的坐標系裏，一個人如果站錯了位置，用他的短處而不是長處來謀生的話，那是非常艱難甚至可怕的，他可能會在長久的卑微和失意中沉淪。

因此，對一技之長保持興趣是相當重要的，即使它並不怎麼高雅而又卑躬屈膝，但可能是你改變命運的一大財富。選擇職業同樣也是這個道理，你無需考慮這個職業能給你帶來多少錢，能不能使你成名，重要的是，你應該選擇最能使你全力以赴、最能使你的品格和長處得到充分發揮的職業。把自己安排在合適的位置上，經營出有聲有色的人生。

問你自己

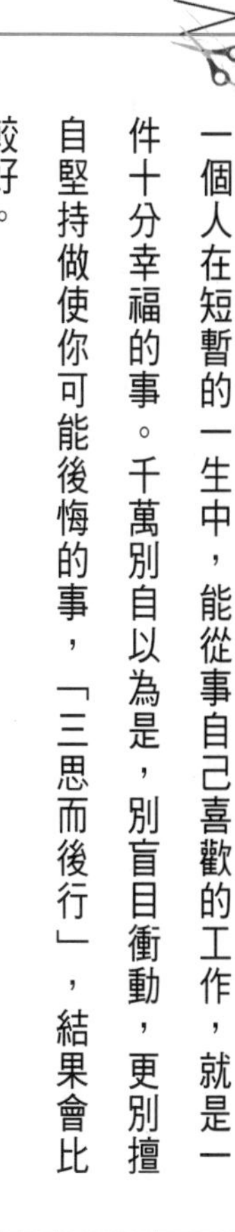

一個人在短暫的一生中，能從事自己喜歡的工作，就是一件十分幸福的事。千萬別自以為是，別盲目衝動，更別擅自堅持做使你可能後悔的事，「三思而後行」，結果會比較好。

美好的願望。

十多年前，有個很有才氣的小男生，因為越畫越有興趣，所以立志將來要當美術家。

有一天，他對他爸爸說：「爸爸，我將來要讀美術系。」

啪！話沒說完，他爸爸就賞他一記耳光：「你是要餓死嗎？」

他摸著臉，不服氣地說：「人家老師，還不是美術系畢業，也沒……」

啪！又是一記耳光：「你又不是老師！」

小男生不敢多說了，乖乖聽從父親的指示，投考五年制的專科，學電機工程。

如果我當年沒有聽父親的話……。

二十年不見，今年春天，突然接到他的電話，於是請他吃中飯。

坐在我對面的他，已經不是小男生，而是三十五歲在美國擁有幾百位員工的「大老闆」。

「幸虧那時候，你聽了你父親的話，要不然也不會有今天。」我說。

他笑笑著說：「你怎麼不說，如果我沒聽我老爸的話，現在國際畫壇上，又多了一位大畫家呢？」

他的話使我想起高中時代的自己。當我大學聯考填志願的時候，別人都填十幾個，我卻只填了三個美術科系和一個國文系。

我的導師跳了起來，說我應該進外交或新聞系，將來才能有成就。

可是我的母親沒說話，只淡淡的一笑說：「你覺得那是你的志趣，就好。」

當然也有許多就是不聽話而堅持走自己路的例子。

像老牌影帝，曾獲奧斯卡金像獎的詹姆斯・史都華特，當年從普林斯頓大學建築系畢業，沒當建築師，卻去參加一個「夏日劇場」，到處跑碼頭、演戲。

據說詹姆斯的父親氣得把鞋子摔到牆上。可是，詹姆斯成功了，連百科全書上都有他的小傳。

更好的例子是美國微軟公司創立者比爾・蓋茲，他的父親是著名律師事務所的合夥人，媽媽是老師。比爾・蓋茲從小功課好，十八歲進哈佛大學。但是，十九歲那年，蓋茲居然自己申請退學，跑去搞電腦。

我常猜想當時他老爸、老媽的反應，最起碼如果發生在我兒子身上，我會跳起來。

但是，比爾·蓋茲如果當時不那麼決定，可能有「坐擁三百六十四億美元電腦王國」的今天嗎？

你自己才能決定

「我對某科有興趣，我爸爸卻不准我念。」

「我不想考大學，想去創業，我爸媽就是不同意。」

「我只想把英語先念好，自己出國讀書，不想在國內繼續念下去。可是我媽堅持要我把大學讀完。」

「我愛音樂，要跟朋友組個樂團，可是我爸說我要是那樣，就要脫離父子關係。」

總接到年輕朋友這樣的信，問我該怎麼辦。讓我頭疼的是：「既然你說父母不是你，不能為你決定；我也不是你，我又怎麼能為你決定呢？」

我們都只有一次的人生，選了這個，很可能就永遠失去了那個。如同上述所說的，他假使選擇美術系，今天可能不是成功的大老闆，而是偉大的畫家。

所以，你永遠在選了梨之後，都可以猜：如果挑蘋果，會更好。也可以在大家都讚美蘋果的時候，毫無遺憾地說：「我仍然相信我的選擇最正確。」只是，當那些已經嚐過各種水果，有許多人生閱歷，又深愛你的人，對你說：「挑蘋果吧！不會錯的」時候，你是不是該聽他的？還是堅持自己、始終無悔？

各位年輕朋友！對於你該聽自己的，還是聽父母的，我只能說：「別問我，問你自己！如果你還不能獨立、不能堅持、不能無悔，就最好別擅自『堅持』做你可能『後悔』的事。相反的，如果你認為符合做主的條件，堅信自己能成為另一個比爾．蓋茲，誰又能阻攔你呢？」

鐵罐的悲劇

每個人都有各自的特點，有自己的長處，也有自己的短處。但人貴有自知之明。「鐵罐」的悲劇，正在於它的盲目性；而「陶罐」的不朽，就在於它清楚自己的實力。

國王的御櫥裏有兩個罐子，一個是陶製的，另一個是鐵製的。驕傲的鐵罐瞧不起陶罐，常常奚落它。

「你敢碰我嗎，陶罐子？」鐵罐傲慢地問。

「不敢，鐵罐兄弟。」謙虛的陶罐回答說。

「我就知道你不敢，懦弱的東西！」鐵罐說著，表現出了更加輕蔑的神情。

「我確實不敢碰你，但那不能叫做懦弱。」陶罐爭辯說，「我們生來的任務就是盛東西，並不是用來互相碰撞的。在完成我們的本職任務方面，我不見得比你差。再說……」

「住嘴！」鐵罐憤怒地說，「你怎麼敢和我相提並論！你等著吧！要不了幾天，你就會破成碎片，消失了，我卻永遠在這裡，什麼也不怕。」

「何必這樣說呢？」陶罐說：「我們還是和睦相處的好，吵什麼呢？」

「和你在一起我感到羞恥，你算什麼東西！」鐵罐說：「我們走著瞧吧！總有一天，我要把你碰成碎片！」

陶罐不再理會鐵罐。

時間過去了，世界上發生了許多事情，王朝覆滅了，宮殿倒塌了。兩個罐子被遺落在荒涼的土地上。歷史在它們的上面積滿了渣滓和塵土，一個世紀連著一個世紀。

許多年以後的一天，人們來到這裡，掘開厚厚的堆積物，發現了那個陶罐。

「喲，這裡頭有一個罐子！」一個人驚訝地說。

「真的，一個陶罐！」其他的人說，都高興地叫了起來。

大家把陶罐捧起，把它身上的泥土刷掉，擦洗乾淨，和當年在御櫥的時候完全一樣，樸素，美觀，華光可鑒。

「一個多美的陶罐！」一個人說，「小心點，千萬別把它弄破了，這是古代的東西，很有價值的。」

「謝謝你們！」陶罐興奮地說，「我的兄弟鐵罐就在我的旁邊，請你們把它掘出來吧！它一定悶得夠受的了。」

人們立即動手，翻來覆去，把土都掘遍了。

但是，一點鐵罐的影子也沒有。它，不知道什麼年代，已經完全氧化，早就無蹤無影了。

尺有所短，寸有所長。能夠認識自己的人，才有可能做出正確的選擇。就像美麗的陶罐，它盡守自己的本分，不逞強，亦不炫耀。最後，守得雲開見月明，成為人們珍藏的文物。

別讓負面的批評阻礙你

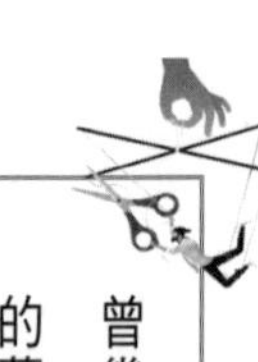

曾幾何時，我們因為別人的批評而沮喪，甚至放棄了自己的夢想。人要選擇為自己而活，需要很大的勇氣。就是那種篤定的堅持，成就了你的人生。

有一些別人的批評是值得聽的。對於改進工作的建設性討論，是進步的重要動力所在。知道你的錯誤並改正，才能有所長進，因此，能以鼓勵的方式指出你的錯誤的人，是最好的顧問。但是，在確定自己終身職業的時候，堅持自己做決定是非常必要的。如果輕易聽從別人的評判，你可能會感到無所適從，最終一事無成。

艾列克在大學主修音樂。同學鮑勃對他那種對音樂全然地投入、每天花那麼多時間練鋼琴的精神而感到相當敬佩。畢業後，艾列克順利申請到了獎學金繼續深造。

不久後，鮑勃順道去拜訪他。艾列克告訴鮑勃他每天仍苦練八至十個小時的鋼琴。鮑勃並不感到意外，他相信艾列克成為鋼琴家的夢想最終能夠實現。

一年之後，鮑勃又見到艾列克，不料，艾列克卻整個人都變了。他申請到最好的音樂學院的獎學金，但是讀了八個月就中途輟學了，他之所以做此決定，主要原因就在於：他常常在不同的聽眾面前演奏，並接受到各種批評，有的很中肯，有的卻是惡意攻擊，他本人難以承受住這些批評，從此一蹶不振。

當鮑勃再看到他時，他已有整整一個月沒碰過他心愛的鋼琴了！他深陷沮喪，讓他的父母親也十分的擔憂。

不管鮑勃怎麼勸，都沒辦法讓艾列克釋懷。那些無謂的批評像利劍一般刺入他的心中。他在心理上無法面對惡意的批評，因而喪失了追求夢想的勇氣。

他決定改行去當老師，回大學去拿教育學位，不過，不管朋友和家人怎麼勸他，他甚至連「教」音樂也不願意。

鮑勃為自己的同學感到遺憾：他是那麼有天份，然而卻因為一些負面的批評阻礙了他在音樂方面的發展，斷送了追求藝術更臻完美的機會。

找對屬於你的位置

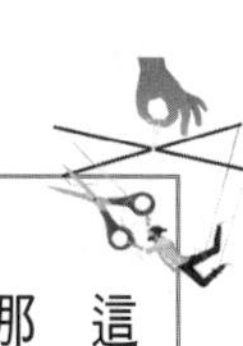

這世界上的路有千萬條，但最難找到的就是適合自己走的那條路。

每一個人都應該努力根據自己的特長來設計自己，量力而行。根據自己的環境、條件、才能、素質、興趣等，來確定方向。不要埋怨環境與條件，應努力尋找有利條件；不能坐等機會，要自己創造條件；拿出成果來，獲得了社會的承認，事情就會好辦一些。從事科學研究的人不僅要善於觀察世界，善於觀察事物，也要善於觀察自己，瞭解自己。每個人都應該盡力找到自己的最佳位置，找對屬於自己的人生跑道。

很多成就卓著人士的成功，首先得益於他們充分瞭解自己的長處，根據自己的特長來進行定位或重新定位。如果無法充分瞭解自己的長處，只憑自己一時的興趣和想法，那麼定位就很難準確，會有很大的盲目性。

歌德一度沒能充分瞭解自己的長處，樹立了當畫家的錯誤志向，害得他浪費了二十多年的光陰，為此他心中非常後悔。美國女影星霍利·亨特一度竭力避免被定位為短小精幹的女人，結果走了一段彎路。後來幸虧經紀人的引導，她重新根據自己身材嬌小、個性鮮明、演技極富彈性的特點進行了正確的定位，出演《鋼琴課》等影片，一舉奪得戛納電影節的「金棕櫚」獎和奧斯卡大獎。

古今中外，還有一些名人是經過重新給自己定位，而取得令人矚目的成就的：

阿西莫夫是一個科普作家，同時也是一個自然科學家。一天上午，他坐在打字機前打字的時候，突然意識到：「我不能成為一個第一流的科學家，卻能夠成為一個第一流的科普作家。」於是，他幾乎把全部精力放在科普創作上，終於成了當代世界最著名的科普作家。

倫琴原來學的是工程科學，他在老師孔特的影響下，做了一些物理實驗，逐漸體會到，這就是最適合自己做的行業，後來果然成了一個有成就的物理學家。

在生活中，誰都想最大限度地發揮自己的能量，但是，由於種種原因，並不是你想做什麼就能做什麼的。目前，有許多人是在自己並不喜歡甚至厭惡的崗位上，做自己並不情願去做的工作，於是人心不穩，人心惶惶。在這種情況下，還是不要著急為好，所謂的生活其實就如寫文章一樣，當你發覺筆下的那一句不是自己最滿意的言語，甚至是敗筆的時候，那你就暫時停下筆來思考一下，等到精彩的文章湧向筆尖，不妨另起一行重新抒寫，直至滿意為止。

刀的兩面

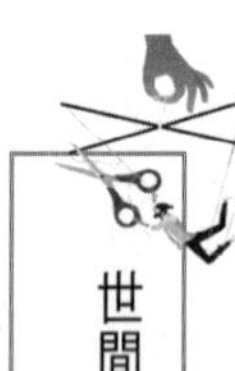

世間萬物都有其陰暗與光明的兩面。

當你的眼睛蒙上悲傷的色彩時，你看到的一切都是灰色的。其實，沒有什麼是過不去的。當你跨過了生命中的那條河，心自然就會釋然。任何的痛苦都是在幻想中越演越烈。

一個性格內向的年輕人，在很短的時間內父母相繼病逝，情場又十分失意，事業上也頻遭挫折，受到了公司同事的排擠，他萬念俱灰。一天，他來到一家商店，想買一把水果刀，準備殺掉所有與自己有過結的人之後自絕於世。

他選了好幾把刀，反覆試著刀鋒，終於選定了一把。付完錢後，正要離開時，售貨員小姐忽然叫住了他，並且把刀要了回來。他靜靜的站在那裡，困惑地看著她往刀鋒上纏著紙巾，纏了一層又一層，纏好之後，她手握刀鋒，將刀柄一方朝向著他，把刀遞到在他的手裏。

「妳這是做什麼？」他問。

「這樣就不容易碰傷了人。」小姐笑著說。

「其實妳不用管那麼多，妳只需要賣刀就可以了。」

「這裡賣出的刀是去削水果還是去沾鮮血，是和我沒有一點兒關係。」售貨員小姐依然笑著說，「可是我希望所有的人都能生活得好一些。」

他拿起刀走出了商店，心裏忽然感到十分的溫暖。原來這世界並不是他所想像的那麼無情，原來還有人不為任何利益的關心著他。雖然不多，但一點點也就足夠珍貴了。

那天下午，他買了許多水果，仔細的用那把刀享受著水果的芬芳與甘甜。他邊吃邊流淚，邊想像著那個女孩的容顏。如果不是那個陌生的女孩，他和這把刀恐怕都得再換一個仙魔兩界的位置了。

自此，這把刀成了他警戒自己的至寶。那個女孩，也成了他生命中的至神。

成功的最佳方案

注意把精力用在一個目標上，專心致志，集中突破，這是成功的最佳方案。

歷史上有不少人被埋沒，除了社會因素之外，沒有找到他們為之獻身的具體事業目標，東一榔頭，西一棒子，今日點瓜，明日種豆，不能說不是一個重要原因。成功者們始終將眼光集中在他們的目標上，他們常常在向目標奮進的過程中運用想像提醒自己目標所在。

拉馬克於一七四四年八月一日生於法國畢加底，他是兄弟姊妹十一人之中排行最小的一個；最受父母寵愛。拉馬克的父親希望他長大後當個牧師，於是送他到神學院讀書，後來由於德、法戰爭爆發，拉馬克當了兵，他因病退伍後，愛上了氣象學，想自學當個氣象學家，他整天抬頭望著多變的天空。後來，拉馬克在銀行裏找到了工作，想當個金融家。很快的，拉馬克又愛上了音樂，整天拉著小提琴，想成為一個音樂家。這時，他的一位哥哥勸他當醫生，於是拉馬克去學醫四年，可是他對醫學並沒有多大的興趣。正在這時，二十四歲的拉馬克在植物園散步時遇上了法國著名的思想家、哲學家、文學家—盧梭，盧梭很喜歡拉馬克，常帶他到自己的研究室裏去。在那裡這位「南思北想」的青年深深地被科學給迷住了。

從此，拉馬克花了整整十一年的時間，有系統地研究了植物學，寫出了名著《法國植物誌》。拉馬克三十五歲時，當上了法國植物標本館的管理員，又花了十五年，研究植物學。當拉馬克五十歲的時候，開始研究動物學。此後，他為動物學費了三十五年時間。也就是說，拉馬克從二十四歲起，用二十六年時間研究植物學，三十五年時間研究動物學，成了一位著名的博物學家。

古往今來，凡是有成就的人，都像拉馬克後來一樣，很注意把精力放在一個目標上，專心致志，集中突破，這是他們成功的最佳方案。曾經有人問牛頓怎樣發現了「萬有引力定律」，他回答說：「我一直在想著這件事。」

在回答「成功的第一要素是什麼？」時，愛迪生回答說：「能夠將你身體與心智能量鍥而不捨地運用在同一個問題上而不會厭倦的能力……你整天都在做事，不是嗎？每個人都是。假如你早上七點起床，晚上十一點睡覺，你做事就做了整整十六個小時。對大多數人而言，他們肯定是一直在做一些事，唯一的問題是，他們做很多很多事，而我只做一件。假如他們將這些時間運用在一個方向、一個目標上，他們就會成功。」高度專一與否，一天就有很大的差別，一月、一年、十年呢？那差異就更大了。因此，卡萊爾說：「最弱的人，集中其精力於單一目標，也能有所成就；反之，最強的人，分心於太多事務，可能一無所成。」

金錢不是生活的全部

若是你排斥自己最親的人，一心只想擁有那些黃金，便會是非常孤寂、悲哀的事。

我們每個人都應該小心控制自己希望金錢越多越好的慾望。我們要經常提醒自己，錢只是供你維持合理的生活水準而已；若在此之外，你還有多餘的錢，那都只是「點心」，作為你努力工作的報償而已。

很早很早以前，傳說有個農夫在山坳裏挖出一個至少一百多斤、價值連城的金羅漢，發了大財。周圍的親友們都向他投以羨慕的眼光。

但農夫卻反而比先前更憂愁了。往常，他種田幹活，只要吃飽穿暖，就無憂無慮，自在得很，可是自從挖到了金羅漢後，反而食不知味，睡不安穩起來。

怕被人家偷是個原因，但還有一個更大的原因，就是他整日都在絞盡腦汁地想：「十八羅漢我只挖到一個，其他的十七個不知道在什麼地方？要是這十七個羅漢也一起歸我所有，那就真滿足了。」真是個「人心不足蛇吞象」，哪還會不受困擾呢？

有一個家庭，因為祖父留下一筆遺產，而使原本非常高尚的一家人變成金錢怪物。家人之間的愛、扶持和溫柔，如煙消雲散，一家子為了誰得到的什麼、誰得到了太多、還有誰更應該執導這個「金融帝國」而大打出手。

這樣的景況真令人難過，他們都沒能看清生命中最重要的是什麼。他們的健康、婚姻、子女和未來，都因貪婪而敗壞。坐擁金錢的滋味是很好，若是你排斥自己最親的人，一心只想擁有那些金錢，便會是非常孤寂、悲哀的事。

適合的才是最好的

城市老鼠眷戀城市的繁華，於是在和人的周旋中危險地生存著；鄉下老鼠面朝黃土背朝天，靠簡單的勞動吃飯，活得心安理得。

《伊索寓言》中有一則關於鄉下老鼠和城市老鼠的故事：城市老鼠和鄉下老鼠是好朋友。有一天，鄉下老鼠寫了一封信給城市老鼠，信上是這麼寫著：「城市老鼠兄，有空請到我家來玩。在這裡，可以享受鄉間的美景和新鮮的空氣，過著悠閒的生活，不知意下如何？」

城市老鼠接到信後，高興的不得了，立刻動身前往鄉下。到達那裡後，鄉下老鼠拿出很多的大麥和小麥，放在城市老鼠面前。城市老鼠不屑地說：「你怎麼能夠老是過著這種清貧的生活呢？住在這裡，除了不缺食物，什麼也沒有，多麼乏味呀！還是到我家玩吧！我會好好招待你的。」鄉下老鼠於是就跟著城市老鼠進城去。

鄉下老鼠看到那麼豪華、乾淨的房子，內心非常羨慕。想到自己在鄉下從早到晚，都在農田上奔跑，以大麥和小麥為食物，冬天還得在那寒冷的雪地上搜集糧食，夏天更是累得滿身大汗，和城市老鼠比起來，自己實在是太不幸了。

聊了一會兒，他們就爬到餐桌上開始享受美味的食物。突然，「砰」的一聲，門開了，有人走了進來。他們嚇了一跳，快速的躲進牆角的洞裏。鄉下老鼠嚇得忘了饑餓，想了一會兒，戴起帽子，對城市老鼠說：「鄉下平靜的生活，還是比較適合我。這裡雖然有豪華的房子和美味的食物，但每天都過著緊張兮兮的，倒不如回鄉下吃麥子來得快活。」說罷，鄉下老鼠就離開都市回鄉下去了。

城市老鼠眷戀城市的繁華，於是在和人的周旋中危險地生存著；鄉下老鼠面朝黃土背朝天，靠簡單的勞動吃飯，活得心安理得。我們不能斷言，到底哪種生活方式最好。

世界上沒有兩片相同的葉子，既然如此，我們何必去羡慕別人的生活。其實，適合你的才是最好的！

擁抱好心情

人在心情不好的時候會不自覺的把壞心情抱得更緊；關門不跟人說話，嘟著嘴生悶氣，皺著眉頭胡思亂想，結果心情更壞、更難過。所以人要學習放下心情，拒絕讓它折磨才行。

我們想要擁有好心情，就需要從原有的壞心情中跳脫，從煩惱的死胡同中走出來。請放下心情的包袱，好好檢視清楚，看看哪些是事實，把它留下來，設法解決。哪些是垃圾，是給自己製造困擾的想法，要狠下心來，把它拋開，這樣就能應付自如，帶來好心情和清醒的頭腦。因此，人人都應該學會放下、學會割捨。

談到放下和割捨，在《星雲禪話》中有一則故事，講得很生動、很具有啟發性。這故事大略是，有一位旅者，經過險峻的懸崖，一不小心掉落山谷，情急之下攀抓住崖壁下的樹枝，上下不得，祈求佛陀慈悲營救，這時佛陀真的出現了，伸出手過來接他，並說：「聽好！現在你把抓住樹枝的手放下。」但是旅者執迷不鬆手，他說：「把手一鬆，勢必掉到萬丈深淵，粉身碎骨。」旅者這時反而更抓緊樹枝，不肯放下。這樣一位執迷不悟的人，佛陀也救不了他。壞心情就是緊抓住某個念頭，死死握緊，不肯鬆手去尋找新的機會，發現新的思考空間，所以陷入愁雲慘霧中。

其實，人只要換個想法，調整一下態度，或者更動一下作息，就能讓自己有了新的心境。只要我們肯稍作改變，就能拋開壞心情，迎接新處境。

有個女人習慣每天愁眉苦臉，小小的事情似乎就會引起不安、緊張。孩子的成績不好，會令她一整天憂心，先生幾句無心的話會讓她黯然神傷。她說：「幾乎每一件事情，都會在我的心中盤踞很久，造成壞心情，而且影響生活和工作。」有一天，她有個重要的會議，但是沮喪卻揮之不去，看看鏡子裏自己的臉龐，竟然無精打采。她打了電話問朋友：「我該怎麼做？我的心情沮喪，我的模樣憔悴，沒有精神，怎麼參加重要的會議？」朋友告訴她：「把讓妳沮喪的事放下，洗把臉把無精打采的愁容洗掉，修飾一下儀容以增強自信，想著自己就是得意快樂的人。注意！裝成高興充滿自信的樣子，妳的心情就會好起來。很快地妳就能談笑風生，笑容可掬。」她照著朋友的建議去做，當天晚上在電話中告訴朋友說：「我成功地參加這個會議，爭取到新的計劃和工作。我沒想到在冥想中假裝有信心，信心真的會來；冥想中裝著好心情，壞心情自然消失。」

人要懂得改變情緒，才能改變思想和行為。思想改變，情緒也會跟著改變。這裡有幾則練習的技巧：

當我們需要打起精神應付一件事情時，可以用上面的方法。經常培養好心情，認清壞心情的背後一定有不少垃圾思想和消極情緒，要把它掃地出門。

多讀勵志的書，它能給我們帶來許多改變情緒的效果。

注意儀容：挺直身子，抬起頭來，衣著更要端莊。萎靡不振的表情，是招惹霉運的根本原因。

學習在危機中保持冷靜，在緊張時給自己鬆弛的機會，如運動、靜坐、旅行等。

美國加州大學心理學家艾克曼曾作過實驗，要受試者裝出驚訝、厭惡、憂傷、憤怒、恐懼和快樂等表情，卻發現他們的身心跟著這些動作而起了變化。當受試者裝出害怕時，他們的心跳加速，皮膚溫度降低等等。表現其他五種情緒時，也有不同的變化。我們怎麼裝，心情就會怎麼改變。

懦夫眼裏的世界

法國作家紀德曾說過：「若不先離開海岸，是永遠不可能發現新大陸的。」

冒險意味著嘗試新的、不同的、未知的事物，無法預測結果如何，但不論結果，都應該去冒險。恐懼是面對未知時的正常反應，恐懼卻依然冒險，就是冒險的真諦。

最佳的冒險者就是會問：「我有什麼可以損失的呢？」他們的心態是，就算他們不能成功，至少嘗試過了。

湯姆斯住在英格蘭的一個小鎮上，他從未看見過海，所以他非常想看一看海。有一天他得到一個機會，當他來到海邊，那裡正籠罩著霧，天氣又冷。他想：「啊！我不喜歡海，幸虧我不是水手，當一個水手太危險了。」

在海岸上，他遇見一個水手。他們交談了起來。

「你怎麼會喜歡上海呢？」湯姆斯問：「那裡彌漫著霧而且又冷。」

「海不是經常都是冷和有霧的。有時，海是明亮而美麗的。但在任何天氣，我都喜歡海。」水手說。

「當一個水手不是很危險嗎？」湯姆斯問。

「當一個人熱愛他的工作時，他不會想到什麼危險。我們家庭的每一個人都喜歡海。」水手說。

「你的父親死在何處呢？」湯姆斯問。

「他死在海裏。」

「你的祖父呢？」

「死在大西洋裏。」

「而你的哥哥……」

「當他在印度一條河裏游泳時，被一條鱷魚吞食了。」

「既然如此，」湯姆斯說：「如果我是你，我就永遠也不到海裏去。」

水手問說：「你願意告訴我，你父親死在哪裡嗎？」

「啊，他在床上斷了氣。」湯姆斯說。

「你的祖父呢？」

「也是死在床上。」

「這樣說來，如果我是你，」水手說：「我就永遠也不到床上去。」

在懦夫的眼裏，做什麼事情都是危險的；而熱愛生活的人，卻總是蔑視困難，勇往直前。

石油大亨的金錢概念

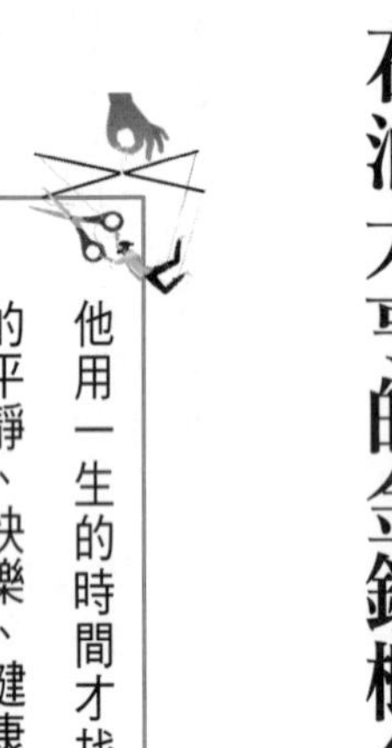

他用一生的時間才找回曾經失去的，那裡有用金錢買不到的平靜、快樂、健康和長壽，以及別人的尊敬和愛戴。

一個富人去拜訪一位哲學家，請教他為什麼自己有錢以後變得越來越自私了。哲學家將他帶到窗前，問：「向外看，告訴我你看到了什麼？」富人說：「我看到了外面有很多的人。」哲學家又將他帶到一面鏡子前，問：「現在你又看到了什麼？」富人回答：「我自己。」哲學家笑一笑說：「窗子和鏡子都是玻璃做的，區別只在於鏡子多鍍了一層薄薄的銀。但就是因為這一點，便能讓你只看到自己而看不到外面了。」

人們都知道石油大王洛克菲勒是個著名的慈善家，但很少有人知道洛克菲勒也曾被薄薄的一層銀蒙住了雙眼。

洛克菲勒出身貧寒，創業初期勤勞肯幹，人們都誇他是個好青年。可是當他富甲一方後，便變得貪婪冷酷，賓夕法尼亞州油田地帶的居民深受其害，對他恨之入骨。有的居民將他做成人偶像，然後將那人偶像模擬處以絞刑，以解心頭之恨。無數充滿憎恨和詛咒的威脅信件被送進他的辦公室，連他的兄弟也看不慣他的行徑，而將兒子的墳墓從洛克菲勒家族的墓園中遷出，說：「在洛克菲勒支配的土地內，我的兒子無法安眠！」洛克菲勒的前半生就在眾叛親離中度過。洛克菲勒五十三歲時，疾病纏身，人瘦的只像剩皮包骨。

醫生們向他宣告了一個殘酷的事實，他必須在金錢、煩惱、生命三者之中選擇一個。這時他才開始領悟到，是貪婪的惡魔控制了他的身心。他聽從了醫生的勸告，退休回家，開始學打高爾夫球，去劇院看喜劇，還常常跟鄰居閒聊。

他開始過著一種與世無爭的平淡生活。後來，洛克菲勒開始考慮如何把巨額的財產捐給別人。起初人們並不接受，說那是骯髒的金錢。可是透過他的努力，人們慢慢地相信了他的誠意。密歇根湖畔一家學校因積欠銀行債務無法償還而即將倒閉，他聽聞此事馬上捐出數百萬美元，因此促成了如今的芝加哥大學的誕生；北京著名的協和醫院也是洛克菲勒基金會贊助而建成的；一九三二年中國發生了霍亂，幸虧洛克菲勒基金會的資助，才有足夠的疫苗預防而不致成災；此外，洛克菲勒還創辦了不少福利事業，幫助黑人。從這以後，人們開始用另一種眼光來看待他。

洛克菲勒的前半生為金錢而迷失了方向，後半生千金散盡，才重返生命的正道。他一生至少賺進了十億美元，捐出的就有七億五千萬。他用一生的時間才找回曾經失去的，那裡有用金錢買不到的平靜、快樂、健康和長壽，以及別人的尊敬和愛戴。做到這些，享年九十八歲的洛克菲勒已無憾了。

我們只要不遠離生活中的真善美，不被金錢所奴役，那麼世界就屬於我們。而那顆不被銅臭玷污的心，就會如天上的明月晶瑩剔透，與美麗的世界交相輝映。

老鐘錶匠的啟示

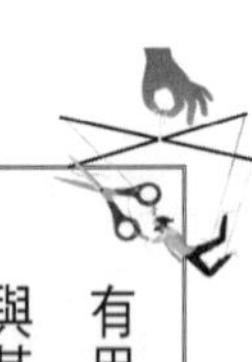

有用處的東西才有市場。立足生活才能實現自己的價值。與其追求華而不實的東西，不如腳踏實地的做些有意義的事。在工作中，首先要把本職工作做好。

從前，德國有一位很有才華的年輕詩人，寫了許多寫景抒情的詩篇。可是他卻很苦惱，因為人們都不喜歡讀他的詩。這到底是怎麼一回事呢？難道是自己的詩寫得不好嗎？這不可能！年輕的詩人向來不懷疑自己在這方面的才能，於是，他去向父親的朋友一位老鐘錶匠請教。

老鐘錶匠聽完後一句話也沒說，便把他帶到一間小屋裏，裏面陳列著各式各樣的名貴鐘錶。這些鐘錶詩人從來都沒有見過。有的外形像飛禽走獸，有的會發出鳥鳴聲，有的能奏出美妙的音樂……。

老鐘錶匠從櫃子裏拿出一個小盒子，把它打開，取出了一只式樣特別精美的金殼懷錶。這只懷錶不僅樣式精美，更奇特的是：它能清楚地顯示出星象的運行、大海的潮汐，還能準確地標明月份和日期。這簡直是一只「魔錶」，世上到哪裡去找呀！年輕詩人愛不釋手。他很想買下這個「寶貝」，就開口詢問錶的價錢。老鐘錶匠微笑了一下，只是要求用這「寶貝」來換年輕人手上的那只普通的手錶。

年輕詩人對這只懷錶真是愛不釋手，吃飯、走路、睡覺都帶著它。可是，過了一段時間之後，漸漸對於這只懷錶就不感興趣。最後，竟跑到老鐘錶匠那裡要求換回自己原來的那只普通的手錶。老鐘錶匠故作驚訝，問他對這樣珍奇的懷錶還有什麼感到不滿意的。

年輕詩人遺憾地說：「它不能指示時間，錶本來就是用來指示時間的。我帶著它並不知道時間，要它還有什麼用處呢？有誰會來問我大海的潮汐和星象的運行呢？這只懷錶對我來說實在是沒有什麼實際的用處。」

老鐘錶匠還是微微一笑，把懷錶往桌上一放，拿起了這位年輕詩人的詩集，意味深長地說：「年輕人讓我們努力各自做好自己的事業吧！你應該記住：怎樣為人們帶來有用的事情。」

詩人這時才恍然大悟，從心底裏明白了這句話的深刻含義。

一生要完成的志願

每個人都有自己的目標和夢想，但並不是每個人都會去努力實現。

遠在四十七年之前，約翰·戈達德就把他這一輩子想做的事情列了一個表。那時他十五歲，是洛杉磯郊區一個沒見過世面的孩子。他把那張表題名為《一生的志願》。

表上列著：「到尼羅河、亞馬遜河和剛果河探險；登上埃佛勒斯峰（即珠穆朗瑪峰）、乞力馬札羅山和麥特荷恩山；駕馭大象、駱駝、鴕鳥和野馬；探訪馬可·波羅和亞歷山大一世走過的道路；主演一部『人猿泰山』那樣的電影；駕駛飛行器起飛降落；讀完莎士比亞、柏拉圖和亞里斯多德的著作；譜一部樂曲；寫一本書；遊覽全世界的每一個國家；結婚生孩子；參觀月球。」每一項都編了號，一共有一百二十七個目標。

現在，六十二歲的戈達德依然顯得年輕、帥氣，他不僅是一個經歷過無數次探險和遠征的老手，還是電影製片人、作者和演說家。他仍然把家安置在加利福尼亞南部，和妻子住在一棟舊式平房裏。在屋裏，他悠閒地坐在那些收集的頭骨、銀制的匕首、閃亮的編織和充滿異國情調的工藝品之間，這些東西常使他回憶起往日的探險情境來。當提到那張多年以前的「志願表」時，戈達德微微一笑，談起了年輕時的自己。

「我寫那張表，」他解釋說：「是因為在十五歲時我已清楚地認識到自己的閱歷貧乏。我那時思想尚未成熟，但我具有和別人同樣的潛力，我非常想做出一番事業來。我對一切都很有興趣，旅行、醫學、音樂、文學……我都想做，還想去鼓勵別人。我制定了那張奮鬥的藍圖，心中有了目標，我就會感到時時都有事做。我也知道周圍的人往往墨守成規，他們從不冒險，從不敢在任何一個方面向自己挑戰。我決定不走這條老路。」

當戈達德把夢想認真地寫在紙上之後，他就開始抓緊一切時間來實現它們。十六歲那年，他和父親到了喬治亞州的奧克費諾基大沼澤和佛羅里達州的埃弗格萊茲去探險。「這是我首次完成了表格上的一個項目，」他回憶說：「我還學會了只戴面罩不穿潛水衣到深海中潛游，開耕耘機，並且買了一匹馬。」二十歲時他已經在加勒比海、愛琴海和紅海裏潛過水了。他還成為一名空軍駕駛員，在歐洲上空作過三十三次戰鬥飛行。

他二十一歲時已經到了二十一個國家旅行過。二十二歲剛滿，他就在瓜地馬拉的叢林深處發現了一座瑪雅文化的古廟。同一年他就成為「洛杉磯探險家俱樂部」有史以來最年輕的成員。接著他就籌備實現自己宏偉壯志的頭號目標——探索尼羅河。

戈達德說：「我把尼羅河置於首位，因為我認為這是地球上最重要的地貌。尼羅河是全非洲的縮影：在尼羅河盆地中實際擁有全非洲的每一種鳥、獸類，爬行動物和昆蟲；它還擁有全人類中最矮和最高的人種（俾格米人和瓦圖西人）；你既能在喀土穆和開羅這樣的城市中遇見受過良好教育的、經驗豐富的人，也能在蘇丹的丁卡這樣的地方碰到過著半遊牧生活的牧民。所以，遊遍尼羅河上下，研究兩岸的風土人情就成了對我的最大挑戰。」

戈達德二十六歲那年，他和另外兩名探險夥伴來到布隆迪山脈的尼羅河之源。三個人乘坐一艘僅有六十磅重的小皮艇開始穿越四千英里的長河。他們遭到過河馬的攻擊，遇到了沙塵暴和長達數英里的激流險灘，得過幾次瘧疾，還受到過河上持槍匪徒的追擊。出發十個月之後，這三位勝利地從尼羅河口進入了蔚藍色的地中海。

戈達德說：「這次旅行，如果事先過多地考慮那漫長的道路和面臨的艱難，也許就不敢出發了。」但是經過一天又一天的累積，我們終於到達了目的。我想這就是生活的成功之路。

緊接著尼羅河探險之後，戈達德開始接連不斷地加速完成他的目標，一九五四年他乘木筏飄流了整個科羅拉多河；一九五六年探查了長達二千七百英里的全部剛果河；他在南美的荒原、婆羅洲和新幾內亞與那些食人族、割取敵人頭顱作為戰利品的人一起生活過；他爬上阿拉拉特峰和乞力馬札羅山；駕駛超音速兩倍的噴射戰鬥機飛行；寫成了一本書《乘皮艇下尼羅河》；他結了婚並生了五個孩子。開始擔任專職人類學者之後，他又萌發了拍電影和當演說家的念頭，在以後的幾年裏他透過演講和拍片為他下一步的探險籌措了資金。

到現在為止，戈達德已經完成了一百二十七個目標中的一百零六個。他獲得了一個探險家所能享有的榮譽，其中包括成為英國皇家地理協會會員和紐約探險家俱樂部的成員。沿途他還受到過許多人士的親切會見。剛果河的探險是他嚴峻的一課。戈達德與他的好朋友傑克．約威爾一起下河出發，一路順利，不料約威爾卻突然葬身於一個可怕的漩渦之中，他的死把戈達德帶入了絕望和孤獨的深淵。我們朝夕相處了六個星期，像兄弟一樣親密，他說：「我們一路上戰勝了所有的艱險，可是，突然他就去世了，就剩下我孤零零的一個人了。」戈達德停頓了片刻，痛苦地回憶說：「一時間，我真不知道該怎麼辦了，但想起我和傑克曾經發過誓，無論我們之中的哪一個出了事，另外一個也要把航程進行到底，於是，我就繼續前進了。」

戈達德在實現自己目標的征途中，有過十八次死裏逃生的經歷。這些經歷讓我學會了更加的珍惜生活，凡是我能做的我都想嘗試。他說：「人們往往活了一輩子，卻從未表現出過巨大的勇氣、力量和耐力。但是我發現當你想到自己反正要完了的時候，你會突然產生驚人的力量和控制力，而過去你做夢也沒想到過自己體內竟蘊藏著這樣巨大的能力。當你這樣經歷過之後，你會覺得自己的靈魂都昇華到另一個境界之中了。」

他指出，差不多每個人都有自己的目標和夢想，但並不是每個人都會去努力實現。《一生的志願》是我在年紀很輕的時候立下的，它反映了一個少年人的志趣，其中當然有些事情我不再想做了，像攀登埃佛勒斯峰或當「人猿泰山」那樣的影星。制定奮鬥目標往往是這樣，有些事可能力不從心，不能完成，但這並不意味著必須放棄全部的追求。

檢查一下你的生活並向自己提出這樣一個問題是很有好處的：「假如我只能再活一年，那我準備做些什麼？」我們都有想要實現的願望，那就別延宕，從現在就開始做起！

戈達德未來的計劃仍然是充實的，其中包括遊覽長城（第四十九號）和攀登麥金萊山（第二十三號），他絕不輕易放棄任何一個目標。這樣，一有機會到來時，他總是「準備完畢。」

的確如此，在他的內心深處，他堅信有一天終能實現他的第一二五號目標——參觀月球。

妻子的自述

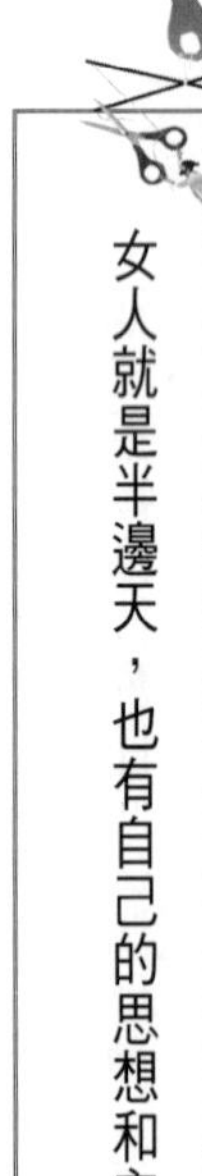

女人就是半邊天，也有自己的思想和主張。

我為他生孩子。我適應了他的情況，像我母親看我父親一樣，我也用同樣的眼光來看他。我學會了洗尿布，我哄孩子，我掃屋子。

我曾學過數學和拉丁語，我還學過物理和法語。我的成績是中上。

我任他撫摸，我任他打，我總不還手。我必須懂得他比我強。

我注視著腹中的胎兒一天天長大。我經歷了生育的痛苦。我說，因此我是妻子。我自言自語，我很快樂。我送他上班，我為他做飯。

我身體有病痛時，我看到他的恐懼。

我孩子哭時，我看到他的悶煩。

我默默地看著，我的母親被他趕走。就因為她把尿布放在爐旁，而把咖啡放在窗前。我必須領會，他想說什麼就說什麼，人們會怎麼想我們，我不清楚。我適應了他這種生活。

我詢問他發怒之故，我聽從他絮絮訴述，我問候他的上司，我招待他的同事。我聽任他母親對我的訓斥，我對她順從，我從她那裡知道了我的丈夫的習俗，丈夫的口味。我要照顧他。

我要教育孩子，說謝說對，行屈膝跪禮，向友人伸出好看的小手，唱一首聖誕之歌。我哺育著他的子女。

我真害怕。

我學會了理解，我學會了寬容。我努力找出我的過錯。我總希望，丈夫若是我的大哥該有多好！但我從未這樣對他說過。

我對他說過我愛他，我學會了溫順。他發火時我要保護孩子。但我知道他有權發火。我向人解釋他有權力。我多麼失望。但我對自己說，我很快活。

我曾很快活，當他擁抱我，當他與我溫存。我學會了安撫他，我給他勇氣。我希望有一個可親的愛人。我閉門向隅而泣。我知道憂鬱對身體無益。但是，我孤獨。我鼓足勇氣。我看到，我的手跟我母親的一樣。

我就這樣開始。我學會了，他也有害怕的時候。他夜裏夢中驚叫時，我搖醒他，我跟他說我在這裡。我讓他憶夢，我在傾聽。我要做他的妹妹。我也應該有慈母的心地。我思索，我應該溫柔，我應該和順。我應該是一個溫暖的窩，我應該是一個避風的港。我當作一個稱職的女性。我愛孩子，我又想離家。我曾想自暴自棄，但我不能。想到這些，我難過，我問心有愧。

我希望一切都會過去，當我們老了會安靜。我知道，我無力改變我的丈夫。我不固執。

我必須記取，要忘掉拉丁語。我要忘掉高等數學。他失業了，我鼓勵他。我要張羅家庭，我要佈置簡陋。我要用這點錢過活。我治好了孩子們的病。我做了許多噩夢。

我頭痛，我也失眠，我要吃藥片。我背疼，我也貧血，我是個夢遊病人。

我終於會吵架了，和他對著做。我變得不服從了，我不和他說話。他發火我也發火，我只盼著孩子們快些長大。

我徹底完了，我切破了動脈要自殺，但我卻沒死成。我看著他捆住我的手，送進了醫院，看見了醫生，他謊說是一場事故。我真希望有人來問問我。

只有我自己問自己。

終於又挺過來了。我祝他事業成功。我為孩子們輔導。我吃了避孕藥。我對自己說，不要怕。我要反抗，要抗爭。我不允許別人再來傷害我。

我學會了打字和速記。我找到了工作。我又變得有自信了，我又能賺錢了。聖誕節之夜，我累得虛脫了。

我只能上半天班，因為有孩子。

我們能旅遊了，也買得起轉好的傢俱。我又向前走了，我不再老看手錶等下班。我說，一個星期做九十個小時也累不垮我。

我不放棄希望，只是扎實，不露鋒芒。

我們建了房子，我們送孩子上學，我們參加家長會。關係到我們的事大家去做，我們不去回憶過去。我創造了這種生活，我改造著生活的氣氛。我又拾起了數學，還有拉丁語。

我沒有放棄，我要使我快樂。我變得固執了。我要堅定自己的主張。

我要教會我的女兒反抗。

我自己習慣了孤獨。

昨天，我看到女兒跟一個小夥子在一起。我對小夥子說了這一些話。我說，她對你的態度像我對丈夫一樣。

我捫心自問，這是不是一個機會。

別人的路

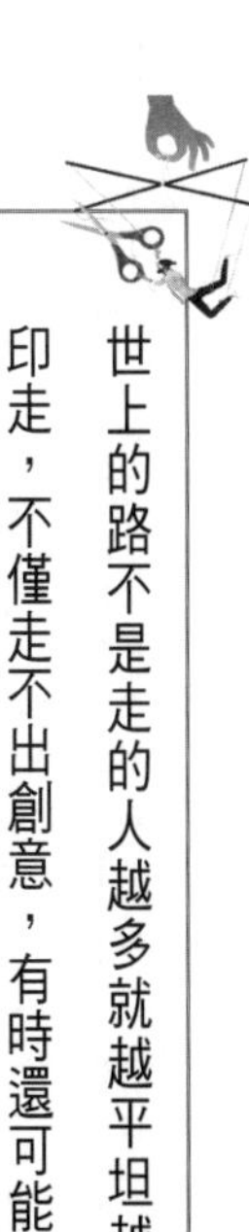

世上的路不是走的人越多就越平坦越順利，沿著別人的腳印走，不僅走不出創意，有時還可能會跌進陷阱。

一個人要穿過沼澤地，因為沒有路，便試探著走。雖很艱險，左跨右跳，竟也能找出一段路來，但好景不長，未走多遠，不小心一腳踏進了爛泥裏，沉了下去。

又有一個人也要穿過沼澤地，看到前人的腳印，便想：這一定是有人走過，沿著別人的腳印走一定不會有錯。用腳試著踏去，果然實實在在，於是便放心的走下去。最後也一腳踏空沉入了爛泥。

另外又有一個人也要穿過沼澤地，看著前面兩個人的腳印，想都未想便沿著走了下去，他的命運也是可想而知的。

……

但第四個人想要穿過沼澤地時，看著前面眾人的腳印，心想：這必定是一條通往沼澤地對岸的大道，看情形已有這麼多人走了過去，沿此走下去我也一定能走到沼澤的對岸。於是大踏步地走去，最後他也沉入了爛泥。

世上的路不是走的人越多就越平坦越順利，沿著別人的腳印走，不僅走不出創意，有時還可能會跌進陷阱。

追求忘我

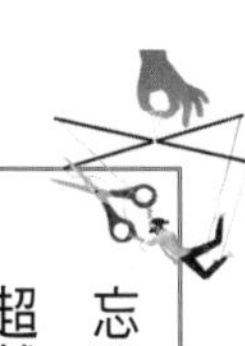

忘我是走向成功的一條捷徑，只有在這種環境中，人才會超越自身的束縛，釋放出最大的能量。

一八五八年，瑞典的一個富豪人家生下了一個女兒。然而不久，孩子染患了一種無法解釋的癱瘓症，因而喪失了走路的能力。

一次，女孩和家人一起乘船旅行。船長的太太告訴孩子船長有一隻天堂鳥，她被這隻鳥的描述給迷住了，非常想親自看一看。於是保姆把孩子留在甲板上，自己去找船長。孩子耐不住性子等待，她要求船上的服務生立即帶她去看天堂鳥。那服務生並不知道她的腿不能走路，而只顧帶著她一道去看那隻美麗的小鳥。奇蹟發生了，孩子因為極度的渴望，竟忘我的拉住服務生的手，慢慢地走了起來。

從此，孩子的病便痊癒了。女孩子長大後，又忘我地投入到文學創作中，最後成為第一位榮獲諾貝爾文學獎的女性，她就是茜爾瑪·拉格蘿芙。

不要把自己當作鼠，否則肯定被貓吃。忘我是走向成功的一條捷徑，只有在這種環境中，人才會超越自身的束縛，釋放出最大的能量。

春秋戰國時代，一位父親和他的兒子出征打戰。父親已做了將軍，兒子還只是馬前卒。一陣號角吹響，戰鼓雷鳴了，父親莊嚴地拿起一個箭囊，其中插著一支箭。父親鄭重對兒子說：「這是家傳寶箭，配帶身邊，力量無窮，但千萬不可抽出來。」

那是一個極其精美的箭囊，厚牛皮打製，鑲著幽幽泛光的銅邊兒，再看露出的箭尾。一眼便能認定是用上等的孔雀羽毛製作。兒子喜上眉梢，內心想著箭身、箭頭的模樣，耳旁彷彿嗖嗖的箭聲掠過，敵方的主帥應聲墮馬而斃。

果然，佩帶寶箭的兒子英勇無比，所向披靡。當鳴金收兵的號角吹響時，兒子再也禁不住得勝的豪氣，完全背棄了父親的叮囑，強烈的慾望驅使著他呼一聲就拔出寶箭，試圖看個究竟。驟然間他驚呆了。

一支斷箭，箭囊裏裝著一支折斷的箭。

我一直靠這支斷箭打仗呢！兒子嚇出了一身冷汗，彷彿頃刻間失去支柱的房子，意志轟然坍塌了。

結果不言自明，兒子慘死於亂軍之中。

拂開濛濛的硝煙，父親撿起那支斷箭，沉重地嘆了一口說：「不相信自己的意志，永遠也做不成將軍。」

把勝敗寄託在一支寶箭上，是多麼的愚蠢，而當一個人把生命的核心交給別人，又是多麼的危險！比如把希望寄託在兒女身上；把幸福寄託在丈夫身上；把生活保障寄託在別人身上……。

不相信自己的意志，永遠也做不成將軍。自己才是一支箭，若要它堅韌，若要它鋒利，若要它百步穿楊，百發百中，磨礪它、拯救它的都只能是自己。

人性的致命弱點

有捨，才有得。先捨，後得。不能沒有主見，不能人云我云，不能短視，不能只顧眼前利益而缺乏長遠打算。在人生的許多關鍵的時刻，只有下定決心，果斷選擇，善於捨棄，你才能把握住獲得更長遠利益的機會。

即便是在面臨無法避免的挫折時，你也應該要三思而後行，選擇最佳的方式，把失敗降到最低點。

少年時住在鄉下的外婆家，我遇到過一件刻骨銘心的事，至今仍記憶猶新，常常對家人和朋友說起。

一天，我和表哥一起上山去砍柴，沒想到草叢中藏匿的一條毒蛇像箭一樣，「唰」的一聲撲向表哥，狠狠地在他腳上咬了一口。他痛苦不堪，滿頭大汗，被咬的那根腳趾頭立即腫了起來，變得烏黑，就在這時，只見表哥咬咬牙，果斷地用柴刀剁斷了被咬的腳趾頭。看著這驚心動魄的一幕，我嚇得目瞪口呆。表哥接著草草的包紮了一下傷口，在我的攙扶下下山到醫院去就醫。後來，表哥雖然少了一根腳趾頭，但短暫的痛苦卻保住了他的一條命。

獲取從捨棄中來，表哥的性命正是在失去一根腳趾頭後才得以撿了回來。的確，在人生的許多關鍵的時刻，只有下定決心，敢於捨棄，才能把握住獲取更長遠利益的機會。在面臨無法避免的挫折時，應該選擇最佳的失敗方式。

取捨往往決定成敗。作為一名成功者，他的高明之處在於透過果敢的捨棄來抓住往往被別人忽視的機遇，因此為自己提供了大展宏圖的舞臺。失敗者的致命弱點是難以割捨小利，固守著眼前的好處，最終捨棄了更加長遠的目標。

古代著名文人柳宗元曾寫過一篇題為《蝜蝂傳》的文章，它寓意深刻，讀後給人留下深刻的啟示。

蝜蝂是一種昆蟲，長得十分弱小。牠本來應該要有自知之明，知足常樂，可是卻因為貪婪心太重，而給活活的累死。

蝜蝂在爬行的時候，貪婪的雙眼四處張望，只要是看到了自己的中意之物，就會毫不猶豫地將其馱在背上。而牠所喜歡的東西實在是太多了，結果身體不堪負重，最後一命嗚呼。

不願捨棄，到頭來為物所累而丟了性命，人財兩空，豈不悲哉。

老外買柿子

明智的人總會在放棄微小利益的同時，獲得更大的利益。

美國的一個拍攝組想拍一部中國農民生活的紀錄片。於是他們來到中國某地農村，找到一位柿農，說要買他一千個柿子，請他把這些柿子從樹上摘下來，並表演儲存的過程，談好的價錢是一千個柿子一百六十塊人民幣，折合美元為二十五塊。

這位柿農很高興的同意了。於是他找來一個幫手，一人爬到柿子樹上，用綁有彎鉤的長杆，看準長得好的柿子用勁一拉，柿子就掉了下來。下面的一個人就從草叢裏把柿子找了出來，撿到一個竹簍裏。柿子不斷地掉下來，滾得到處都是。下面的人則手腳飛快的把它們不斷地撿到竹簍裏，同時還不忘高聲的和樹上的人話家常。在一旁的美國人覺得這很有趣，自然全都拍了下來。接著又拍了他們儲存柿子的過程。

美國人付了錢就準備要離開，那位收了錢的柿農卻一把拉住他們說：「你們怎麼不把買的柿子帶走呢？」美國人說不好帶，也不需要帶，他們買這些柿子的目的已經達到了，這些柿子還是請他自己留著。

天底下哪有這樣便宜的事情呢？那位柿農心裏想。於是他很生氣地說：「我的柿子很棒，品質好得很，你們沒理由瞧不起它們。」美國人聳聳肩，攤開雙手笑了。他們就讓翻譯耐心的跟他解釋，說他們絲毫沒有瞧不起他這些柿子的意思。

翻譯解釋了半天，柿農才似懂非懂的點點頭，同意讓他們走。但他卻在背後搖搖頭感嘆說：「沒想到世界上還有這樣的傻瓜！」

那位柿農不知道，他的一千個柿子雖然原封不動的就賣了二十五美元，但那幾位美國人所拍的他們採摘和儲存柿子的紀錄片，拿到美國去卻可以賣更多更多的錢。

那位柿農不知道，在那幾個美國人的眼裏，他的那些柿子並不值錢，值錢的是他們的那種獨特有趣的採摘、儲存柿子的生產方式。

那位柿農不知道，一個柿子在市場上只能賣一次，但如果將柿子製成「資訊產品」，一個柿子就可以賣一千次、一萬次甚至千千萬萬次。

那位柿農很地道，很質樸，很可愛，但他在似懂非懂的情況下就斷定別人是傻瓜，他的可愛也就大打折扣了。

柿農的蠅頭小利比起那幾個美國人的利益來說實在不算什麼，故事看來是講人與人之間的差別，其實對我們的企業決策者同樣有教育意義。

在企業的投資過程中，我們的決策者是像文中的柿農一樣只看到眼前的比較直接的「小利益」，還是能把眼光放長遠一些，發現更大，但可能比較隱蔽的「大利益」呢？這可是個很大的學問。明智的人總會在放棄微小利益的同時，獲得更大的利益。

飛不出瓶口的蜜蜂

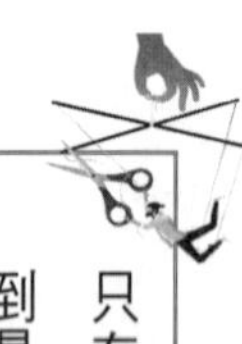

只有努力創新，才會有前途，墨守成規或一味模仿他人，到最後一定會失敗。

如果你把六隻蜜蜂和同樣數量多的蒼蠅裝進一個玻璃瓶中，然後將瓶子平放，讓瓶底朝著窗戶，結果會發生什麼情況？

你會看到，蜜蜂不停地想在瓶底上找到出口，一直到牠們力竭倒斃或餓死；而蒼蠅則會在不到兩分鐘之內，穿過另一端的瓶口逃逸一空；事實上，正是因為蜜蜂對光亮的喜愛，蜜蜂才會滅亡。

蜜蜂以為，囚室的出口必然在光線最明亮的地方，牠們不停地重覆著這種合乎邏輯的行動。對蜜蜂來說，玻璃是一種超自然的神秘之物，牠們在自然界中從沒遇到過這種突然不可穿透的大氣層；而牠們的智力越高，這種奇怪的障礙就越顯得無法接受和不可理解。

那些愚蠢的蒼蠅則對事物的邏輯毫不留意，全然不顧亮光的吸引，四處亂飛，結果誤打誤撞的碰上了好運氣。因此，蒼蠅得以最終發現那個正中下懷的出口，並因此獲得自由和重生。

這個世界變化太大，我們需要張開雙臂，全身心的投入這一時代，學會用不同的方式思考問題，在這個充滿變革的時代裏，我們要加快速度前進。

只有努力創新，才會有前途，墨守成規或一味模仿他人，到最後一定會失敗。

失而復得

真正的學問在於放棄什麼，怎樣放棄，所以說需要「學會放棄」。有得必有失的說法太無奈了，學會放棄，是要使「失」本身成為「得」，成為對「得」的享受。

一般來說，人的天性是習慣獲得，而不習慣於放棄。呱呱墜地以後，我們便不斷地獲得，從父母親那裡獲得衣食、玩具、愛和撫育，從社會得到職業的訓練和文化的培養。長大成人以後，我們靠著自然的傾向和自己的努力繼續獲得：獲得愛情、配偶和孩子，獲得金錢、財產、名譽、地位，獲得事業的成功和社會的承認……等等。

然而，世界上的事物都是相輔相成的，有「取」便有「捨」；有「得」便有「失」。客觀事物不可能都按照人的主觀意志轉移，「心想事成」只是美好的願望。但我們往往容易把獲得看作是應該的，正常的，把失去看作是不應該的，不正常的。所以，每有失去，不免感到痛苦和委屈。所失越多越大，就會越痛苦越委屈。我們暗自下定決心要重新獲得，以補償所失。在我們心中的藍圖上，人生之路彷彿是由一系列的獲得勾畫出來的，而失去則是必須塗抹掉的筆誤。如此這般，就使我們陷入了叔本華所說的那個怪圈：人生就是一個充滿慾望的過程，慾望不滿足時痛苦，滿足了無聊，於是我們就在痛苦與無聊的搖擺間度日。

那麼，我們能不能擺脫這種尷尬的人生境地呢？我想應該是可以的，這就要必須學會放棄。道理本來很簡單：我們與其去「追求」一個根本就無法得到的東西，不如「退而求其次」，乾脆「放棄」它就算了。

選擇「放棄」看似消極，其實不然，從某種意義上來說，放棄恰恰是對「追求」目標的重新選擇，使我們能夠保持一份平和的心態去享受人生其他的樂趣。

「放棄」是一種人生境界。在一個快速發展、充滿各種誘惑的環境中，如能保持一份純真，能不隨波逐流，耐住清貧和寂寞，則是需要「放棄」的。因為放棄能使人生進入一個很清新的境界，你會感到生活因為單純而顯得十分美好。

再進一步說，人生的藝術只是在於進退適時，取捨得當。因為生活本身即是一種悖論：一方面，它讓我們依戀生活的饋贈；另一方面，又註定了我們對這些禮物最終的棄絕。正如先師們所說：「人生一世，緊握雙拳而來，平攤兩手而去。」整個人生是一個不斷地得而復失的過程，就其最終結果看，失去反而比得到更為本質。我們遲早要失去人生最寶貴的贈禮—生命，隨之也就失去了在人生過程中得到的一切。如果我們能夠看破這一點，學會放棄一些東西，對功名利祿，不刻意追求，不過於執著，不和自己「叫勁」。懷著一種「達觀」的態度，做到「得之坦然，失之泰然」，甚至不等到失去時就主動放棄，我們或許就能擺脫痛苦和無聊，活得就自在多了。

自我放棄的最大訣竅就是追求休閒寧靜，尤其不要心裏總裝著一大堆事。當你真正撇開事務，為自己活一會兒的時候，整個世界就是你的。這是阿Q精神？那不過是一種說法，畢竟時間在每一瞬間對人都是平等的，而這平等公允與否就看你自己了。即使我想推廣一種懶漢哲學，絕大多數人也不會聽從的，真正的學問在於放棄什麼，怎樣放棄，所以說需要「學會放棄」。有得必有失的說法太無奈了，學會放棄，是要使「失」本身成為「得」，成為對「得」的享受。

為自己而活

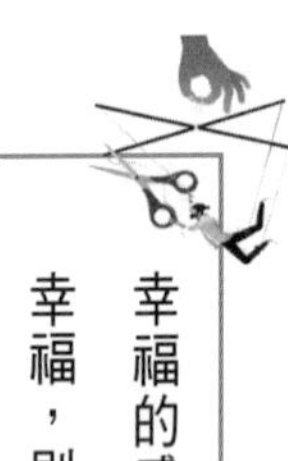

幸福的感覺其實只是一種選擇，一個人如果能夠學會選擇幸福，則人生處處亮光。

秋天的陽光是那麼的明媚燦爛，她卻坐在馬路邊抱頭痛哭。行人匆匆，素不相識的人們很快就把那絕望的哭聲拋在身後。看不清她的臉龐，只看到她消瘦的背影，那消瘦的背影伴隨著她的哭泣在不停地顫抖。

「為什麼哭？遇到了什麼樣不順心的事情？」經過一番內心思考，我蹲下身，靠近著她坐下。

她不講話，仍然在哭，還是那麼傷心。「想開些，無論遇到什麼不痛快的事，都要想開些，天掉下來有地接著……」我的語氣是真誠的、關心的。

「我這是過的什麼日子，我一想就懊悔……我懷孕的時候，他打我，他把我從樓梯上面往下推……」她斷斷續續地說著，抬起頭來迅速瞥了我一眼，低下頭來繼續哭泣。

哭有什麼用呢？妳的丈夫，忍心看妳一個人在這裡哭，他根本沒有把妳放在心裏。妳越哭，他會越覺得妳沒有本事，妳回家好好跟他談談，讓他改邪歸正。如果他改了，日子繼續過下去，如果改不了，和他離婚算了！

「孩子剛滿三歲，離婚的話……」女人依然低著頭繼續著哭。

妳應該為孩子活著，但更應該為自己而活著。妳不要哭了，回去吧！該吃飯就吃飯，該照顧孩子就照顧孩子，做好該做的事情。別只知道哭，哭是無能的表現。

妳的嗓子都哭啞了，妳喝點水吧！我們都該回家了。我將手中的礦泉水放在她的身邊，她抬起頭望了我一眼，眼光裏蘊含著感激與信任。

望著她漸漸消失的背影，我的心情久久不能平靜。突然想起了一個荒謬的笑話，講的是一個失戀的年輕人到酒吧借酒消愁，恰巧遇到一個落魄潦倒的醉漢，他喝了吐，吐了喝，年輕人便忍不住問他生活中到底遇到了什麼不幸，值得這樣糟蹋自己。「我太不幸了，」醉漢答道：「我前後娶過三個老婆，前兩任都不幸暴斃，現在這一個，昨天還好好的，此時卻躺在醫院裏昏迷不醒。」年輕人同情地看著醉漢問：「好好的為什麼忽然就昏迷不醒了呢？」「因為她不肯像前兩任那樣乖乖地吃下毒藥，所以我一時受不了，便抓著她的頭去撞牆直到撞暈了她。」

是的，一個人的不幸常常是自找的。心理學家說過，**幸福的感覺其實只是一種選擇，一個人如果能夠學會選擇幸福，則人生處處亮光；很多人感覺不幸，其實都是自己的心態所致，命運對待他們並不比其他人苛刻。**

哭泣的女人，願妳從此擦乾淚水，抬起頭來凝視藍天，享受陽光，這樣不但妳自己會擁有幸福的生活，妳的家人和朋友也將因此輕鬆愉快，世界會因此變得更加美好。

在放棄中成長

該執著時執著，該放棄時放棄，衡量清楚，知己知彼，才不會太過於委屈自己。

我們走過童年的純真，少年的快樂，人也漸漸長大。從多少次失敗打擊中成長，從多少次挫折坎坷中領悟，也從自己多年的日記中長大。於是有了一次次的驀然回首，知道有些事不能過於強求，有時要懂得放棄。

我們都有過很多的夢想，但不是每個夢想都能夠實現的，當滿懷的希望落空時，生活也似乎變得灰暗了。過份的執著，執著於一個不可能實現的夢想，對於人生卻是一種沉重的負擔，一種負面的影響，甚至是一種傷害。於是要懂得放棄。正如：盛開的鮮花為了結出自己的果實，就必須放棄自己美麗的容顏；要想擁有星河燦爛的夜空，就得放棄白晝；要想擁有浪漫的雨中漫步，就要放棄自己可愛的陽光。放棄了過高的奢望，放棄了不可能實現的夢想，腳踏實地，才能活得真實從容，走出真正屬於自己的路來；放棄了不可能的事情，才能重新開始。

該執著時執著，該放棄時放棄，衡量清楚，知己知彼，才不會太過於委屈自己。苦苦追求於一份不屬於自己的感情，不但迷失了自己，也徒然地耗費了青春和精力，做出不必要的犧牲。

放棄一份感情，有時的確比開始要難。

我能理解日久情深的戀戀不捨，但我不明白的是，為什麼明明知道自己是錯了，還不去改？不是你的，為什麼還不放棄？爭取？明明不存在或不可能的事也能爭取嗎？很多事的結局一開始就已經是註定的，做再多的努力也只是白費心機。既然如此，我們何不放棄呢？放棄，又何嘗不是一種解脫呢？放棄了一個人的愛，但同時也獲得了重新去愛人和被人愛的權利，得何以喜，棄又何以悲？我相信：一個浪花消去時，必將引起另一個更加美麗的浪花。

都說「得不到的東西最美麗」。既然明知不可能得到，又何必為此朝思暮想呢？不如面對現實，徹底將其放棄，同時也給自己擁有一個新的追求目標的機會。「為伊消得人憔悴！」是否真的可以「衣帶漸寬終不悔」呢？不如把這份美麗保留在心中，好好珍惜和享受一些已經擁有的美麗。

人生如果不懂得放棄不屬於自己的東西，就不會珍惜身邊的美好，並擁有它，結果將可能是一無所有。只要自己適當的選擇執著與放棄，不太過於強求，順其自然，往往在不經意間就能找到真正適合自己和屬於自己的東西。真的，所有開始都是美麗的，所有結束都是真實的，所有震撼的心情，也許只是我們走向泥潭的藉口，於是我們都要學會堅強起來，做一個堅強的人，勇敢地去面對昨天、今天還有明天……。

人，應該像竹筍一樣，每長高一點，就要頂破一層土。我對人生的看法不是淡泊如煙，也不是沒有生機，而是像鮮花一樣絢麗多彩，如楓葉一樣如火如荼。

踏上一條坎坷不平的漫長征途，既有淒涼的大漠，也有艱險的峽谷；既有寬闊平坦的大路，也有彎曲狹窄的小道。栽倒了，有些人從此一蹶不振，而有的人，知難而進，他為此看到了太陽的光輝，看到了人生的美好。

人生就像是一杯水一樣，表面無色無味，但是如果你慢慢品嚐，加入你的調劑，結果又是不一樣的味道。我們活著是為了追求，我們追求是為了滿足自己，我們不是為了悔恨而生存的，所以我們要起航心中那艘大船，樂觀地對待奮進的征帆，讓信念導航，讓理想直達彼岸。

記得有一位朋友曾經這樣對我說過：「無論遇到什麼事都要開心，開心是最重要的。」也許「開心」這個詞用在這裡有點不妥，但當你對人生的意義有一點明白時，那麼你就不會覺得它不妥了。是的，開心，開心才是最重要的。

如果你百般努力但卻成功無期，你不妨學會放棄，換一個角度，或許你會愜意無比。

如果你不再激起別人的熱情，你不妨學會放棄，把你綿綿的情思，深深地冷藏在心底。

如果你面臨的是食之無味棄之可惜的雞肋，你不妨選擇放棄，無味的東西，啃下去也無多少的意義。

如果你走進一條無路的死胡同，你應該趕快放棄，必要的回頭，會給你帶來新的契機。

如果你得到一個意外的便宜，你應該趕快放棄，便宜的背後，往往潛藏著陰毒的殺氣。

如果你的成功已達頂峰，你更要學會放棄，急流勇退，給世人留下輝煌的記憶。

放棄是一種智慧，放棄是一種豪氣，放棄是真正意義的瀟灑，放棄是更深層面的進取！

你之所以舉步維艱，是你背負的太重，你之所以背負的太重，是因為你還不會學著放棄；功名利祿，常常微笑著置人於死地。

你放棄了煩惱，你便與快樂結緣，你放棄了利益，你便步入超然的境地。放棄，你就可以輕裝前進。放棄，你就可以擺脫煩惱，擺脫糾纏，整個身心沉浸在輕鬆悠閒的寧靜中去。

生活有時會逼迫你，不得不交出權力，不得不放走機遇，甚至不得不拋下愛情。

你不可能什麼都可以得到，所以，生活中應該學會懂得放棄。

今天的放棄，是為了明天的得到。做大事業者不會計較一時的得失，他們都知道如何放棄，放棄些什麼？

放棄還會改善你的形象，使你顯得豁達開朗。放棄會使你贏得眾人的信賴，從而掌握主動，放棄會讓你變得更精明、更能幹、更有力量。

學會放棄吧！朋友，放棄失戀帶來的痛楚，放棄屈辱留下的仇恨，放棄心中所有難言的負荷；放棄費精力的爭吵，放棄沒完沒了的解釋；放棄對權力的角逐，放棄對金錢的貪慾，放棄對虛名的爭奪……凡是次要的、枝節的、多餘的，該放棄的都要放棄。

玫瑰、事業孰重孰輕

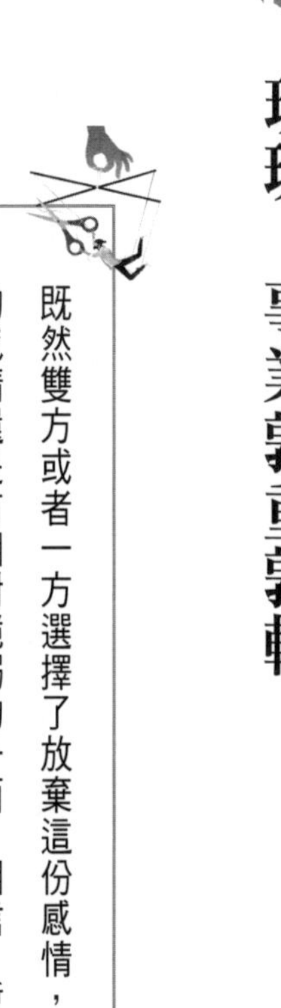

既然雙方或者一方選擇了放棄這份感情，那至少說明你們的感情還是有相對脆弱的一面。相信，暫時的痛苦之後，彼此都會擁有新的機會。

拿大學畢業生來講，需要做出選擇的事情非常多，比如是繼續深造，還是去找工作；是留在大城市，還是回家鄉；是去公司應徵，還是自行創業。在眾多的選擇當中，戀愛與擇業的衝突，以及堅持自己的選擇還是聽從父母的安排，成了讓很多畢業生困惑的事情。

由於大學生的年齡以及所處的環境，發展成戀愛關係的同學很多。男女學生在談戀愛時通常很少考慮畢業以後的去向問題。但是，隨著畢業的臨近，有不少戀人，因為自己中意的工作和對方不在同一個地方，想到將因此暫時甚至永遠和自己親密的人分開，心中都會產生強烈的情緒波動，這是可以理解的。

這個時候，就更需要大學生朋友們理智的進行全面的思考，進行合理的選擇。可以仔細考慮雙方之間的愛是否成熟；彼此在一起是否愉快；雙方的性格是否合得來；必要時，彼此是否願意為對方犧牲自己的利益。當你堅定的認為，彼此是深愛對方的，那最好能及早的商討雙方的擇業問題。可以選擇在同一個城市應徵工作；也可以選擇兩人共同創業；還可以選擇暫時的分離，然後雙方計劃為了以後的重逢，當下應該做些什麼。

當然也有一些同學在擇業和戀愛發生矛盾時，經過衡量比較，放棄了愛情。雖然是經過深思熟慮做出的選擇，但是，畢竟是失戀，難免陷入痛苦之中。

如果面對這種情況，首先要避免的是內疚心理。既然雙方或者一方選擇了放棄這份感情，那至少說明你們的感情還是有相對脆弱的一面。相信暫時的痛苦之後，彼此都會擁有新的機會。

其次，我們應掌握一些調節失戀心理的技巧。

及時宣洩法。可以找好朋友訴說自己的痛苦，也可以將自己的痛苦寫下來然後撕掉。切不可過分地壓抑自己的情緒，使自己做出偏激的行為，也不可將痛苦轉嫁給對方，並且進行報復。

利用「酸葡萄」心理。失戀者可以像伊索寓言中的狐狸那樣，在吃不到葡萄時，就安慰自己說：「葡萄是酸的」，也就是多想想和昔日戀人在一起的不合適，也可多想想對方的缺點，這有助於打破曾經戀情的理想化。

利用「甜檸檬效應」。多想想自己的優點，想像自己以後可以擁有更美好的戀情，以幫助自己恢復自信。

拋棄法。為避免睹物思人，可以將對方的照片放到看不見的地方，將對方送的禮物丟掉或轉送他人。

熟悉的情景很容易勾起往日的回憶，因此，最好不要去兩個人曾經約會的地方，以此來淡化回憶。

在音樂中釋放心靈。音樂是人情緒情感的一種表達方式，因此，可以選擇一些適合自己的音樂。伴隨著音樂聲，或哭個痛快，或清理思緒，都會收到很好的效果。

缺憾亦是一種美

選擇總有缺憾，不能盡善盡美、如願以償，也許缺憾本身就是一種美麗。

可供選擇的機會越多，做出選擇就會越難。因為每個選擇都有一個不同的結局。如果全盤皆收，終將落得全盤皆輸。與其抱殘守缺，寸步難行，不如學會放棄，交給時間去選擇。

學會選擇的勇氣，懂得放棄。一個亙古的思考，一個常新的命題。

當你為自己的失去而傷心，可曾為他人的擁有而歡呼；當你為自己的缺失而哀嘆，可曾為他人的遺憾而高興？不是我們體內正在流失什麼，而是我們想要得到的太多。

如果你要帶著五種動物去一個危機四伏、兇險萬分的原始森林冒險。牠們分別是老虎、大象、猴子、孔雀和狗。在某種不得已的情況下，你必須先後放棄其中一種以繼續向前。你的首選是什麼？孔雀。留到最後的呢？老虎？大象？抑或是猴子？我們考慮到老虎兇猛，大象威武，猴子精明……能幫助我們生存到最後。孔雀軟弱無能，放棄是明智之舉。但你可曾想過，在那種危險的境地，誰來保護孔雀，誰來保證牠生存的基本權利？

在許多的選擇中，我們過多地考慮了別人對我們的付出，不曾想過別人需要我們怎樣的付出。我們首先選擇放棄孔雀，這是孔雀的悲哀，更是人性的悲哀。

有一種魚在育卵期間，母魚會暫時失明，無法覓食，剛出生的小魚就爭先恐後地游進母魚的嘴裏以飽母腹。等到母魚眼睛恢復光明，剩下的小魚才離母而去。

人說母愛是偉大的，「孝」更是可敬的。「孝」是稍縱即逝的眷戀，「孝」是無法重現的幸福，「孝」是生命交接處的鍊條，一旦斷裂，永無連接。

我們行走在人生這個亙古的旅途。學會選擇的勇氣，我們的行囊可以裝下許多新的東西。懂得放棄，不要把放棄看得太難，其實那些所謂大的選擇，就如同選擇吃飯睡覺一樣簡單。學會放棄，把你不能決定放棄的交給時間好了。

選擇總有缺憾，不能盡善盡美、如願以償，也許缺憾本身就是一種美麗。

既然選擇了就不要輕言放棄。說服自己，這就是最適合自己的。學會選擇的勇氣，懂得放棄。放棄你不需要的，放棄不是你的，放棄一朵花趁著它還美麗的時候，這樣你會永遠擁有那一份美麗。

學會選擇老闆

無論古今中外，對於每一個身懷才華的人來說，明珠暗投都無疑是最懊喪的事。

中國有一句用來形容人生一種悲劇的話叫做：「男怕入錯行，女怕嫁錯郎」。什麼意思？選錯了老闆，明珠暗投了，就必然要倒楣了！

為什麼說是選錯了老闆，而不是說選錯了行業呢？

常言道：「術業有專攻」。一般情況下，誰都知道自己會做什麼，該吃哪碗飯，選錯行業的可能性不大。即使一時選錯了，也可以再改，不見得有多倒楣。比如，朱元璋原來選的職業是「研究僧」，可是後來他改行做了皇帝。然而，後來選他做老闆的那些文膽智囊、猛帥驍將們，行業倒沒選錯，只因選錯了老闆，所以後來都大倒其楣，差不多都給朱皇帝當獵狗給殺掉了，集體上演了中國歷史上規模空前的一幕明珠暗投大悲劇。

無論古今中外，對於每一個身懷才華的人來說，明珠暗投都無疑是最懊喪的事。

殷紂王的寵妃妲己愛上了周文王之子大帥哥伯邑考，不料伯邑考這傢伙一點也不解風情。弄得妲己懊喪的說：「我本將心托明月，誰知明月照溝渠」。

戰國時期的范蠡和文種幫助越王勾踐報了喪權辱國之仇，成就了霸業。哪料想得到，勾踐不但不領情，還有滅了他哥倆的意思。弄得范蠡懊喪的說：「飛鳥盡，良弓藏；狡兔死，走狗烹……」。

南唐的禾山無殷禪師對這種現象大徹大悟，不屑一顧的說：「靠！別輕信什麼知己不知己的？好心無好報！」

為什麼會屢屢出現這種選錯老闆，明珠暗投的情況呢？

一是社會形態不正常，壓根就沒有一個好老闆，舉目滔滔，皆是爛蘋果。明珠們沒得選擇，只能從一筐爛蘋果裏面，選擇一個看上去比較不那麼爛的吃。沒毒死算僥倖，毒死了算倒楣！比如，楚漢相爭時期，韓信、彭越、英布等大明珠，選擇了一個看上去比較不那麼爛的蘋果劉邦，結果後來一個一個的都被毒死了。

二是明珠們自己不爭氣，要嘛是勢利眼，看哪個老闆塊頭大就靠哪個；要嘛是饑不擇食，逮著一個老闆就上；要嘛是缺心眼，看哪個老闆裝得像塊好餅，就輕信這下子可有的好吃了！

怎樣才能選擇到一個好老闆，避免明珠暗投的悲劇發生呢？其實很簡單：

一、要端正心態，不能勢利眼，覺得哪個老闆塊頭大就靠哪個。要知道，不管老闆塊頭有多大，那都是他自己的事，不會想著給你分一塊蛋糕。

而且，塊頭越大的老闆身邊聚攏的珠子越多，群星璀璨，即使你能力再好，也難以發出光來。

二、不能饑不擇食，逮著誰算誰。埋沒了你，也不過是懷才不遇，鬱悶而已；而一旦暗投，你就有被抹黑，甚至被粉身碎骨的危險。

三、擦亮眼睛，認清什麼樣的老闆才是真正的好蘋果。一般來說，值得信賴，值得為其服務的老闆有以下特徵：胸襟博大，從善如流；勇於擔當，堅忍不拔；頭腦清晰，務實敬業；體貼下屬，關愛他人。

如果找不到這樣的好老闆，該怎麼辦呢？那麼就按照孔子所說的：「天下有道則見，無道則隱。」「用之則行，捨之則藏。」隨便找點營生，安貧樂道，總比明珠暗投，誤入歧途要好。如果你覺得很不甘心，怎麼辦？還有一個好辦法，你自己想辦法做老闆好了！

放手才能重生

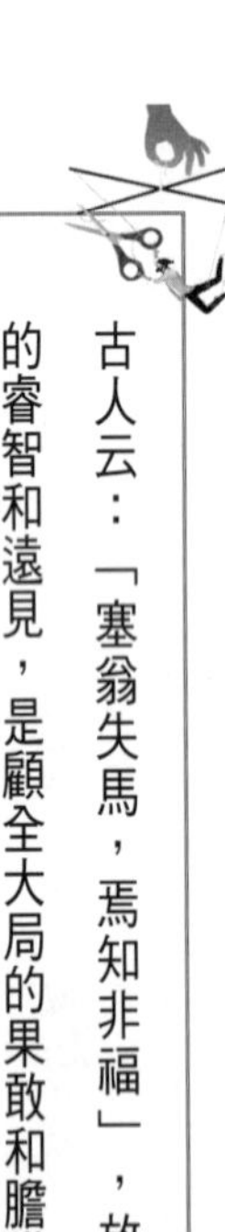

古人云：「塞翁失馬，焉知非福」，放棄是一種量力而行的睿智和遠見，是顧全大局的果敢和膽識。

在我們慣有的思維中，總是以為生活的繼續會讓我們擁有更多的收穫，所以對於放棄我們根本不加以考慮。卻對永不放棄情有獨鍾，把不輕易放棄作為人生的固定的哲學，因此，有很多人在面臨抉擇的時候總是捨不得放棄，結果賠了夫人又折兵。

我們面對複雜的人生不能僅僅掌握一套哲學，以為只要懂得了一個道理便可以暢通無阻。其實取得往往只要心理坦然，而放棄則需要巨大的勇氣。想要駕馭好生命之舟，我們面臨的是一個永恆的主題：那就是學會放棄。一個拾貝殼的小女孩剛到沙灘便撿了兩手貝殼，媽媽就對女兒說：「先放下手中的，等會你才能撿到更美的貝殼。」小女孩的母親想以此來告訴她：隨著成長的腳步，她要捨棄更多，不管她願不願意。

如果只懂得抓住不放，甚至貪得無厭，那麼，面對燈紅酒綠的花花世界，那麼多的誘惑將如何去抗拒？當一個比你原來戀人更完美的人出現時，當更令你癡迷的物品出現時，如果不加考慮地接受的話，那麼就會帶來無盡的壓力和難以擺脫的痛苦，甚至毀滅自己。不是有些人因為貪得無厭，家裏紅旗不倒，外面彩旗飄飄，最終落得妻離子散、人財兩空嗎？

智者說：「兩弊相衡取其輕，兩利相權取其重。」如果不分清是非，只認為人就應該永不放棄，那麼，到頭來承擔後果的只能是自己。人類就是因為一種不願捨棄的心理，才導致了生命更沉重的負荷。人總是邊走邊喊：「累啊！累啊！」可是捨不得放下壓得自己喘不過氣來的肩頭的重擔，以為這樣走到盡頭會是收穫，卻不知中途有人因為承載不了負荷而被壓倒，再也起不來了。

在南亞的大海嘯中發生了一個感人的故事。一位年輕的媽媽在萬分緊急的情況下，為了救三歲的兒子而忍痛放棄了五歲的大兒子。否則，母子三人將無生還的可能。救了小兒子之後沒想到奇蹟發生了，大兒子竟然也得以生還。在人生的抉擇中，很多時候不是由得人的，放棄的藝術是我們的必修的課程。我以前總是喜歡保留一些廢棄物捨不得扔掉，到後來才發現那些物品不但一文不值，放在新的物品旁邊還起了腐化作用，使有價值的東西也浪費了。

人的情感總是希望有所得，以為擁有越多就會越快樂，迫使我們沿著追尋收穫的路走下去。當我們受了很多苦時發現：我們的無聊和困惑、痛苦和失落、壓抑和無奈，無不和我們太渴望擁有更多有關。因為不懂放棄或過分的執著，讓我們迷失了方向。

人的生命的確是薄如蟬翼的，有人說過「命若懸絲」，非常脆弱，我們都不知道我們的命會撞在哪一條軌道上，為何不學會放下沉重的十字架呢？在沙漠上馱著金子走不動的旅人為何不肯卸下金子，輕鬆尋找維持生命的水源呢？如果為了金子渴死在沙漠裏，再多的金子又怎能和寶貴的生命比較？所以，放棄何嘗不是一種明智之舉，何嘗不是一種收穫呢？

把握時機、保持清醒的頭腦就要學會選擇的勇氣，學會放棄。古人云：「塞翁失馬，焉知非福」，放棄是一種量力而行的睿智和遠見，是顧全大局的果敢和膽識。**面對人生，我們是自己唯一的導演，只有學會選擇的勇氣和懂得放棄才能徹悟人生，才能擁有海闊天空的人生境界。**

翻轉一面是天堂

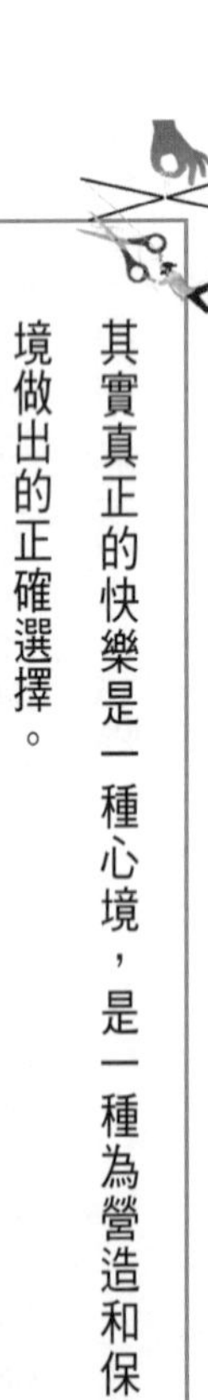

其實真正的快樂是一種心境，是一種為營造和保持某種心境做出的正確選擇。

快樂是什麼？不同的人有不同的回答，有的人說快樂是一種滿足，有的人說快樂是一種刺激，還有的人說快樂是財富、成功、鮮花和榮譽……其實真正的快樂是一種心境，是一種為營造和保持某種心境做出的正確選擇。

不僅在重大的人生際遇面前要學會選擇的勇氣。其實在生活中的每一天，甚至在處理每件事中都有個如何選擇的問題。

以前一個公司在分宿舍，有兩個資歷差不多的同事都分到了八樓，因為沒有電梯，孩子又小，生活上也有很多的不方便，而有的比他們資歷淺的還分到了三、四層的好樓層。其中一位同事身體本來很健壯，但是因為心裏不平衡，不但拿老婆孩子出氣，還經常到公司主管那裡大吵大鬧，搞得上下級關係很緊張，自己也氣病了一場；另一位同事本來身體較弱，但心態較好，不但不抱怨，還把爬樓梯當成鍛鍊身體的好機會，不但自己爬，還帶著剛會走路的孩子每天練習爬樓梯，結果壞事變好事，自己的身體好了，小孩的身體也健壯了。兩種選擇也是兩種結局。

生活的事例告訴我們，快樂和痛苦是一對孿生兄弟，時常同時出現在我們面前，你選擇了痛苦必定擁有痛苦；你選擇了快樂就會擁有快樂。當然，做出正確的選擇並不是一件容易的事，和一個人的性格、閱歷和境界有著密切的關係。一般來講，性格越開朗、閱歷越豐富、境界越高遠的人快樂也越多。

那麼，應當如何做出正確的選擇呢？有幾點可以注意把握：

一、消除嫉妒。嫉妒心理是使人心情變壞、遠離快樂的毒藥，一旦沾染則痛苦萬分，而無法自拔。在生活中有些嫉妒心很強的人，在容貌上容不得別人比自己漂亮；在工作中容不得別人比自己做得出色。甚至嫉妒別人比自己穿的好、比自己吃的好、比自己過的好……整天像個紅眼的鬥雞，見到比自己強的就鬥氣，連說話都帶刺，不但自己活得很累，也破壞了別人的好心情。

二、寬容別人。有的人心胸狹小，不能原諒別人，對別人的讚美之詞常常忘記，但對別人無意中的一句傷害自己的話卻耿耿於懷，甚至過了許多年都還記恨在心。正如一篇文章中所說的，有的人心裏專門收集垃圾，把多少年來人們丟給他的垃圾都累積著，不但陰暗而且骯髒，怎麼會有好的心情呢？因此要學會寬容別人，包括寬容傷害過自己的人，因為不寬容別人，受傷害最多的還是自己。

三、順其自然。星期天想去逛街，偏偏遇見大雨，這時把門窗關好，沏上一壺好茶，一邊靜靜聽著雨聲，一邊細細品嚐著茶香，應該是個不錯的選擇。因為抱怨無濟於事，天公不會因為你的抱怨而把雨停住，要改變的不是天氣而是你的心情。

四、把握現在。電影《鐵達尼號》有一句名言：「快樂度過每一天。」快樂其實就在身邊，關鍵是如何去把握。有的人總把快樂寄託於未來，整日忙忙碌碌，無暇享受生活的快樂，沒文憑時拚命拿文憑，想等完成學業再找快樂；有了文憑想找工作，想找到中意的工作再找快樂；有了工作想成家，想有了美好的家庭再找快樂；有了家庭又想培養孩子，想等孩子長大成材再找自己的快樂……結果直到白髮蒼蒼還與快樂無緣，這樣的人生實在是可悲。

生活的快樂、快樂的生活，每個人都嚮往，調整好心態，學會正確選擇，快樂就會時常陪伴你。

勇於實踐

著名的哲學家安東尼曾說過：首先到達終點的人往往不是跑得最快的人，而是那些集智慧和力量於一身的，會做出明智選擇的人。

我們的時間是有限的，精力也是有限的，等待我們的一次次通向成功的機遇也是有限的，在這短短數十載中，要做出一個令人滿意、無悔的選擇是多麼的不容易啊，是多麼的重要啊！然而在做出一個滿意的選擇之後，所面臨的又將是一個十分嚴峻的考驗—實踐。

是的，選擇一件力所能及，而且令人拍案叫絕的選擇無疑是件難事。因此，有許多人便在成功之門前不斷地徘徊著。

就如菲爾丁所說：「Making a good choice is the most important thing that faces us right now!」（此刻做出一個令人滿意的選擇，對於我們來說是十分重要的！）

選擇固然要緊，但是選擇的背後又往往蘊藏著兩道截然不同的門：一道是通向成功的，但又是崎嶇、蜿蜒的小路，路上佈滿了鋒利的荊棘；另外一道是會領你走向失敗的「光明大道」，它會使你在無意間來到懸崖峭壁，斷谷絕壁。

如果你選擇得好，而且又有一種堅實的信念，那麼，你終究會通往功名，終究會跨過進入勝利殿堂的「最後一道門檻」；但是，如果你選擇錯誤，或者是只是選擇，沒有堅定的信念，那麼，即使你的智商再高，也終將一敗塗地，纏繞著所謂的「目標」而繞圈圈。

著名的哲學家安東尼曾說過：首先到達終點的人往往不是跑得最快的人，而是那些集智慧和力量於一身的，會做出明智選擇的人。

然而，做出一個滿意的選擇的同時，實踐更是不容忽視。沒有實踐，哪能到達成功的對岸呢？只有選擇，不付諸實踐，這樣只是一些善於紙上談兵的人的做法；對於那些明智的人來說，既要會選擇，又要會實踐，如此才能最終將能力發揮到最大限度！

著名的發明家愛迪生就是在一千多次的實踐中找出如今的鎢絲；著名的醫學家李時珍跋山涉水、勇於實踐才最終編寫了醫學界的奇蹟：《本草綱目》……。

古往今來，有志之士概莫能外，無一不是善於選擇，勇於實踐的典範。

正確的捨棄

人的一生中有很多事情需要做出類似的選擇。捨棄應該捨去的，你便是智者；捨棄不該捨去的，你就是愚夫。

鳴蟬奮力的甩掉了外殼，因而獲得了高空自由的歌唱，壁虎勇敢的掙斷了尾巴，因而在危難中保全了牠弱小的生命；算盤若填滿自己的空位，變得座無虛席，你將喪失自己的運算功能。

對那些不該擁有的東西，我們應該捨棄。

現實生活是複雜的，而我們的承受力是有限的。如果大腦是一個倉庫，不管倉庫多大，一種東西充斥其中時，另一種東西必定無法進入。比如讀書，當我們癡醉於金庸古龍梁羽生的刀光劍影中，我們又怎能專注於複雜的幾何方陣，怎能用心於浩繁的英語單詞呢？想讀的和該讀的，你必須在兩者之間做出選擇。

人的一生中有很多事情需要做出類似的選擇。捨棄應該捨去的，你便是智者；捨棄不該捨去的，你就是愚夫。世界文豪高爾基在他的房子失火時，沒有顧及傢俱、財產、衣物，甚至沒有顧及生命，卻從熊熊大火中救出了幾箱書。捨棄了凡夫俗子眼中的財富，守住了那些啟迪心智、淨化心靈的真正的財富。而有些人，終生抱著「人為財死，鳥為食亡」的信條，追逐著金光閃閃的財物。為了庸俗的追求，他們捨棄了人格和道德，捨棄了人性中的真善美。錯誤的捨棄，使他們的一生齷齪卑鄙。

正確的捨棄，往往需要青松秋菊般的高尚風格。據說安徽桐城有一條「六尺巷」，原本是張、葉兩家爭執之地。張家主人乃當朝宰相，張老夫人致信給他。

他回信卻說：「千里家書只為牆，讓他三尺又何妨，長城萬里今猶在，不見當年秦始皇。」於是張家讓出三尺。葉家深感慚愧，也讓出三尺，便成了「六尺巷」。那位宰相捨棄了自己面子上的威嚴，以寬仁禮讓的胸襟，大度能容的氣慨，化干戈為玉帛，止爭鬥於未起。如果不是有超出常人的高風亮節，怎會做出如此的捨棄？

正確的捨棄，不會像隨手扔掉廢紙團那樣輕而易舉，它還需要勇氣、決心和果斷。趙武靈王廢除舊制，提倡胡服騎射時，許多人反對阻撓，但他有決心有勇氣，堅決果斷，最終創下名垂青史的千秋偉業。捨棄的過程是艱難的，尤其在忍痛割愛的時候。西蜀道上馬嵬坡前，唐明皇賜死楊玉環，以政治家的眼光看，用一個貴妃的死換得半壁江山的暫時安寧，也算是值得的。可是，「宛轉娥眉馬前死」、「回看血淚相和流」，偏偏「君王掩面救不得」。此景此情，怎麼不讓人肝腸寸斷，痛不欲生呢？

不是每一株苗都能長成參天大樹，不是每一朵花都能結出豐碩的果實，生活要求我們必須學會捨棄。你嚮往山居的清靜，就必須捨棄都市的繁華；你仰慕奮鬥者的成功，就必須捨棄安逸閒散的生活；你希望走遍千山萬水，就必須捨棄鄉土鄉音的溫馨與柔美。

學會放棄吧朋友，放棄失戀帶來的痛楚；放棄屈辱留下的仇恨；放棄心中所有難言的負荷；放棄費精力的爭吵；放棄沒完沒了的解釋；放棄對權力的角逐；放棄對金錢的貪慾；放棄對虛名的爭奪……。

生命的每一天

想做、該做的事這麼多，何不趁現在？是，做好當下要做的事，體會當下的感覺用心去活，這就對了。

如果把生命的每一天，每一次呼吸，都看待為正在雕琢的藝術品，那將是怎樣的生命形態？把自己想成一件未完成的藝術品，每一天裏的每一秒鐘，一件偉大的藝術創作隨著一次次的吐納而逐漸成形，西方藝術家克倫姆（ThomasCrum）。這段話是從《活在當下》一書看來的。為什麼要活在當下？簡單的說，如果我們能夠去體驗生命中的每一分每一秒，真正的滿足就在當下，而不是渺茫不可知的未來。

我們看到很多人，該做的事，該度的假，該和家人共遊的承諾，一再跳票：等放假再說，等升遷再說，等發財再說，等退休再說，等心情好的時候再說。再說再說，好不容易盼到了，腦子卻一片空白，匆匆來，匆匆去，又一次失落與懊悔。

想做、該做的事這麼多，何不趁現在？是，做好當下要做的事，體會當下的感覺用心去活，這就對了。在英文裏，present有兩個意思，一是禮物，一是現在。「現在」，就是上天賜予的禮物。與所親愛的人共處，尤其如此。

作家李黎寫了一篇《恨晚》，說道：「在我們的一生之中，或多或少總會面對一種遺憾。有一些人，會讓我們感嘆遇到得太晚了，不是對方錯過了自己生命中的純真年代，就是我們未及時趕上對方精彩飛揚的某一段人生。不僅對人如此，有時面對一個地方，甚至一本好書，也會興起一份未能及早相識的惋惜之感。」遺憾在所難免，然而事實如此，又當如何？李黎末了說：「遇上了，就不晚了。」

「樹欲靜而風不止，子欲養而親不待。」失去親人，失去伴侶，我們才開始懷念他；大病住院，才發現健康的可貴。每一次的天災人禍，每一次的生離死別，每一次的往者已矣，生者痛不欲生，有的不甘不捨，有的怨嘆命運，但更多的是，悔恨對方存活時，未能好好相處，因此留下無比遺憾。天災人禍，如果說有什麼正面意義的話，除了「居安思危」的教訓之外，就屬對「活在當下」這句話的體悟。只不過事過境遷，還有幾人能記取教訓？好好把握當下，珍惜現有，不再曠廢生命，不再怨天尤人，不再和朋友親人嫌隙齟齬？

我們常在懊惱中度日，然後立誓，從今以後要如何，事後卻忘了自我的承諾，直到下一次的後悔。我很喜歡西方一句話：「要活得像明日就要死去一樣。」不是要消極度日，不是要盡情享受，不是要短視近利，不是麻木苟活。相反的是把握當下，發揮生命價值，幫助需要之人，奉獻你的愛。

延伸閱讀 >>>>>

人生不在於拿到一副好牌，而在於如何把一副很爛的牌打好
定價:250元

超越傳統行銷思維，學習全球行銷策略，放大格局贏得效益的小故事大啟發
定價:250元

換個角度，換句話說，人生大不同！
定價:280元

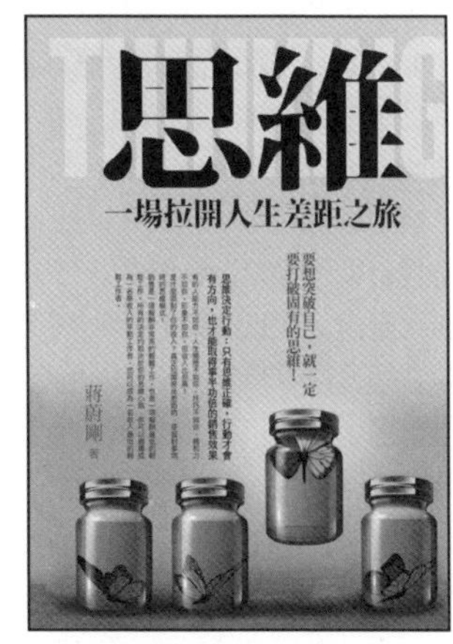

一場拉開人生差距之旅
定價:270元

國家圖書館出版品預行編目(CIP)資料

有一種勇氣叫放棄 / 李津著. -- 3版. -- 臺北市 : 種籽文化事業有限公司, 2021.01
面； 公分
ISBN 978-986-99265-6-0(平裝)

1.人生哲學 2.修身

191.9 109021344

Concept 130

有一種勇氣叫放棄

作者 / 李津
發行人 / 鍾文宏
編輯 / 編輯組
行政 / 陳金枝

企劃出版 / 喬木書房
出版者 / 種籽文化事業有限公司
出版登記 / 行政院新聞局局版北市業字第 1449 號
發行部 / 台北市信義區虎林街 46 巷 35 號 1 樓
電話 / 02-27685812-3　傳真 / 02-27685811
e-mail / seed3@ms47.hinet.net

印刷 / 久裕印刷事業股份有限公司
製版 / 全印排版科技股份有限公司
總經銷 / 知遠文化事業有限公司
住址 / 新北市深坑區北深路 3 段 155 巷 25 號 5 樓
電話 / 02-26648800 傳真 / 02-26640490
網址：http://www.booknews.com.tw（博訊書網）

出版日期 / 2021 年 01 月　三版一刷
郵政劃撥 / 19221780 戶名：種籽文化事業有限公司
◎劃撥金額 900（含）元以上者，郵資免費。
◎劃撥金額 900 元以下者，若訂購一本請外加郵資 60 元；
劃撥二本以上，請外加 80 元

定價：220元

【如有缺頁、誤裝，請寄回更換，謝謝。】版權所有・翻印必究

喬木書房

喬木書房